Ver mejor sin gafas

A pesar de haber puesto el máximo cuidado en la redacción de esta obra, el autor o el editor no pueden en modo alguno responsabilizarse por las informaciones (fórmulas, recetas, técnicas, etc.) vertidas en el texto. Se aconseja, en el caso de problemas específicos —a menudo únicos— de cada lector en particular, que se consulte con una persona cualificada para obtener las informaciones más completas, más exactas y lo más actualizadas posible. EDITORIAL DE VECCHI, S. A. U.

© Editorial De Vecchi, S. A. 2018
© [2018] Confidential Concepts International Ltd., Ireland
Subsidiary company of Confidential Concepts Inc, USA
ISBN: 978-1-64461-118-0

Paola Santagostino

VER MEJOR
SIN GAFAS

dve
PUBLISHING

Índice

Introducción

Estoy convencida de que el doctor Bates se sentiría halagado si oyera hablar hoy en día de su método de reeducación visual. En esta época saturada de tecnología, en la que demasiado a menudo se habla de lo que se hace y no de lo que se es, los diversos ejercicios que propuso pueden parecer desfasados, y sin embargo son muchos los médicos y especialistas en los EEUU y en Europa que siguen aplicándolos.

Bates habló a lo largo de toda su carrera profesional de la posibilidad que tenemos de curarnos por nosotros mismos. Para ello abordó el problema de la patología de una manera completamente distinta a la que se practicaba, partiendo del presupuesto de que todas las actividades y estados que desarrolla y sufre nuestro cuerpo pueden entenderse como manifestaciones de energía. La enfermedad deja de ser entonces un ente extraño que debemos superar necesariamente y se convierte en una expresión más de nuestro equilibrio psicofísico. De hecho, está admitido desde hace tiempo que todas las tensiones y bloqueos emocionales que nos asaltan se acumulan en el plano del aparato osteomuscular, encerrándonos en esa «coraza defensiva» tan bien descrita por Wilhelm Reich. La energía almacenada en los sistemas nervioso y muscular son, sin duda alguna, el medio idóneo para conseguir una vida más placentera.

Aunque no es el tema principal de este libro, el control de la respiración y la importancia que tiene en cada momento de nuestra vida serán tratados con bastante atención, en tanto que nos permite entrar en contacto profundo con nuestro cuerpo y con nuestra alma.

Desde un punto de vista anatómico, la respiración depende en gran medida del diafragma. Este músculo que separa la parte torácica de la abdominal sufre, a menudo, un exceso de contracciones que limitan su amplitud de movimiento, lo que provoca en el adulto la aparición de una respiración básicamente torácica.

Mejorar la movilidad diafragmática con ejercicios de relajación y contacto corporal como los que aparecen en este manual significa liberarnos de malos hábitos y preocupaciones y recuperar así la fluidez energética característica de una vida más sana y más feliz, además de prevenir las enfermedades oculares en aquellas personas que están más predispuestas a su aparición por causas genéticas. En el caso de los niños afectados de miopía, astigmatismo, hipermetropía y otras deformaciones adquiridas por el globo ocular, la realización durante una hora al día de las actividades descritas con todo detalle más adelante puede llegar a estabilizar las dioptrías, así como afrontar con mayor serenidad las propias dificultades visuales. Por otro lado, el problema del estrabismo merece ser estudiado con más detenimiento, ya que quienes lo sufren necesitan una atención especial, siendo preciso desarrollar sus capacidades de concentración. Es preciso conocer bien las técnicas para evitar la desilusión y las pérdidas de tiempo, por lo que será necesario recurrir a la ayuda de un terapeuta experto durante el aprendizaje.

Este puede dividirse en cuatro fases.

En la primera intentaremos conocer un poco más nuestro cuerpo mediante ejercicios de respiración y aplicando las manos sobre los ojos, relajándonos.

A continuación, comenzaremos a realizar movimientos del cuello y de los globos oculares para activar los flujos de energía.

Después deberemos hacer varios ejercicios de observación de objetos.

En la última fase nos encargaremos de desarrollar nuestras dotes de observación mediante ejercicios de visualización, a fin de mantener los ojos ágiles y bien lubrificados. El uso de gafas no tiene en cuenta ninguno de estos aspectos de nuestra salud, por lo que aconsejo que se usen tan sólo en aquellos momentos en que sean indispensables.

Dra. Rita Viscovo
Centro OM de la Asociación para la Medicina
y la Psicología Humanista - Andrea Verga, 4 - Milán (Italia)

TEORÍA GENERAL

El ojo, ese desconocido

Nuestro ojo es la más simple y perfecta cámara fotográfica que existe en la naturaleza. Una pequeña joya que nos permite convertir las ondas luminosas de la atmósfera en una imagen mental del mundo exterior. ¿Cómo es posible? Veamos cómo está formado el ojo y de qué manera funciona.

Cómo está formado el ojo

El globo ocular tiene una forma casi esférica. Su interior contiene un líquido acuoso transparente que permite el paso de la luz. El exterior está protegido por tres membranas: la más externa, llamada esclerótica, es resistente y evita eventuales golpes o lesiones; la intermedia, llamada corioidea, está plagada de vasos sanguíneos, le asegura la oxigenación y la nutrición; la interna, la retina, es la más importante para nosotros en este momento, puesto que en la parte profunda del globo, esto es, en la que se encuentra justo en la parte opuesta al punto más exterior, se alojan los órganos específicos de la visión (fig. 1).

En ella se encuentran unas células muy especiales, llamadas conos y bastoncillos, que están capacitadas para transformar el estímulo luminoso —la onda de luz que recibe— en otro nervioso, que proseguirá su camino a lo largo del nervio óptico hacia el cerebro, donde será interpretado como imagen de un objeto exterior.

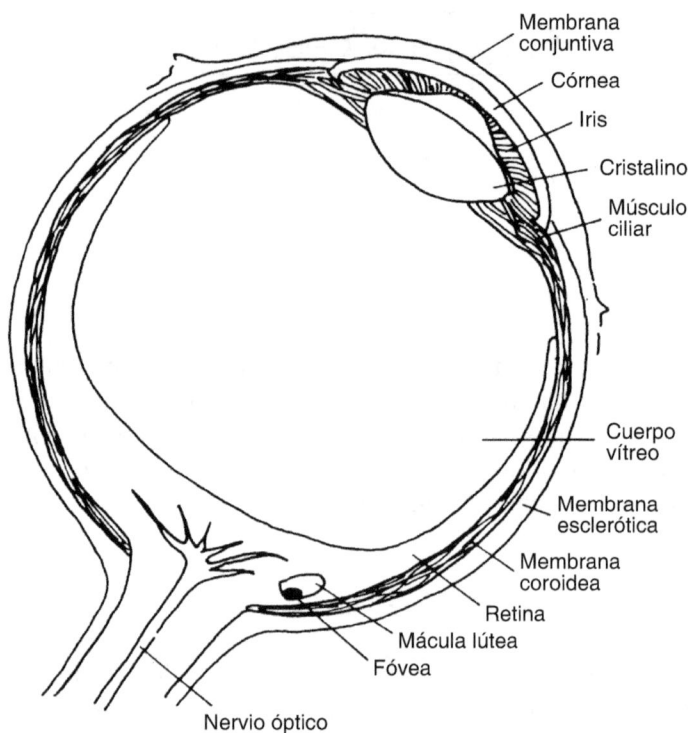

Membrana
conjuntiva

Córnea

Iris

Cristalino

Músculo
ciliar

Cuerpo
vítreo

Membrana
esclerótica

Membrana
coroidea

Retina

Mácula lútea

Fóvea

Nervio óptico

FIGURA 1. *El ojo*

Hay un detalle que debe tenerse en cuenta, muy importante para entender lo que se dirá más adelante sobre la forma correcta de usar nuestros ojos: no toda la retina puede recibir y transformar los impulsos luminosos de la misma manera. Existe una zona particular muy pequeña, llamada mácula lútea, en la que hay otra aún más pequeña, la fóvea, donde la capacidad visual es máxima. Sólo en este punto pueden ser recibidas las imágenes de forma nítida y precisa.

Por lo tanto, es lógico que el ojo se mueva continuamente para conseguir de este modo que las imágenes incidan precisamente en ese punto, y más adelante veremos en qué medida esto es importante para una buena visión.

Si nos fijamos ahora en el exterior, encontraremos la córnea, el iris, la pupila y el cristalino.

La córnea es un disco curvado, resistente y transparente, que se adapta como la esfera de un reloj al globo ocular y permite una óptima refracción de la luz.

Debajo de ella se encuentra el iris, la zona más visible desde el exterior, en forma de corona circular. Tiene un color distinto al de los ojos. De hecho, cuando hablamos de ojos azules, verdes o pardos, hablamos del color del iris, el cual depende de la cantidad de pigmento que tenga, y que está determinado genéticamente (fig. 2).

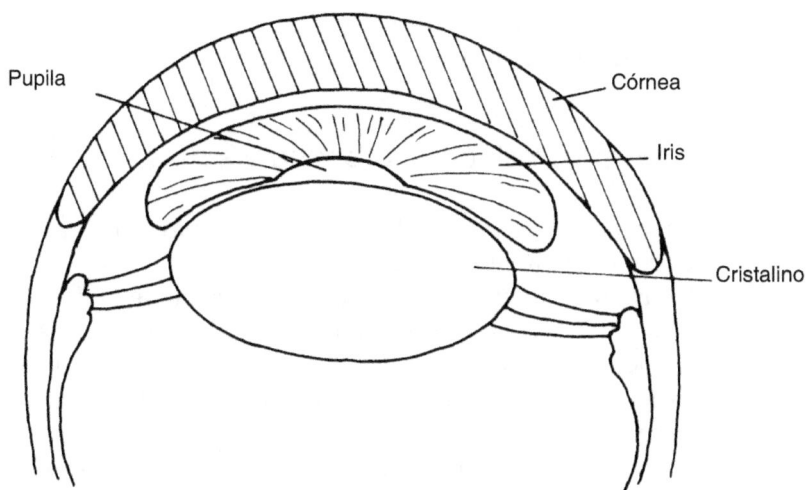

FIGURA 2. *Detalle del ojo*

La pupila es la abertura situada en la parte central del iris. Los rayos de luz, cuando inciden en el ojo, pasan a través de ella. A simple vista es de color negro.

El iris actúa de la misma manera que el diafragma de un objetivo fotográfico: cierra el diámetro de la pupila si la luz es muy intensa y molesta y lo abre si es tenue, para capturar un mayor número de rayos de luz y aumentar la capacidad de visión.

Una vez atravesada la córnea, a través del iris y de la pupila, la luz llega al cristalino.

El cristalino es una pequeña lente biconvexa que modifica continuamente su curvatura en función de la distancia a la que se encuentren los objetos que observamos para así enfocarlos mejor.

Existe un pequeño músculo, el ciliar, que actúa sobre el cristalino, tensándolo hasta que este adquiere una forma más convexa, adaptada a la observación de los objetos cercanos, y relajándolo en una forma más plana para la visión de los objetos lejanos. El cristalino, por sí mismo, tendería a cobrar una forma esférica. Precisamente gracias a la acción del músculo ciliar, adopta una forma u otra en función de las necesidades.

Cómo se produce el proceso visual

Sigamos ahora el camino de la luz por el interior del ojo y veamos cómo se produce el proceso visual.

Las ondas luminosas alcanzan la córnea, a través de ella llegan hasta el iris, que absorbe los rayos periféricos y transporta los centrales a través de la pupila hasta el cristalino, desde donde se proyecta la imagen invertida hacia el fondo del globo ocular, sobre la retina.

Una vez aquí, y atravesando diversas capas de células de la fóvea y de la mácula lútea, se transforman en impulsos nerviosos que serán conducidos al cerebro a través del nervio óptico, situado en la parte más interna del globo ocular, desde donde serán conducidos al lóbulo de la vista a través de las sinapsis.

En su recorrido, los nervios ópticos se entrelazan, de manera que, por lo general, las imágenes recibidas por el ojo izquierdo alcanzan el hemisferio derecho y viceversa. Aun así, hay fibras que continúan en la misma dirección sin entrecruzarse (fig. 3).

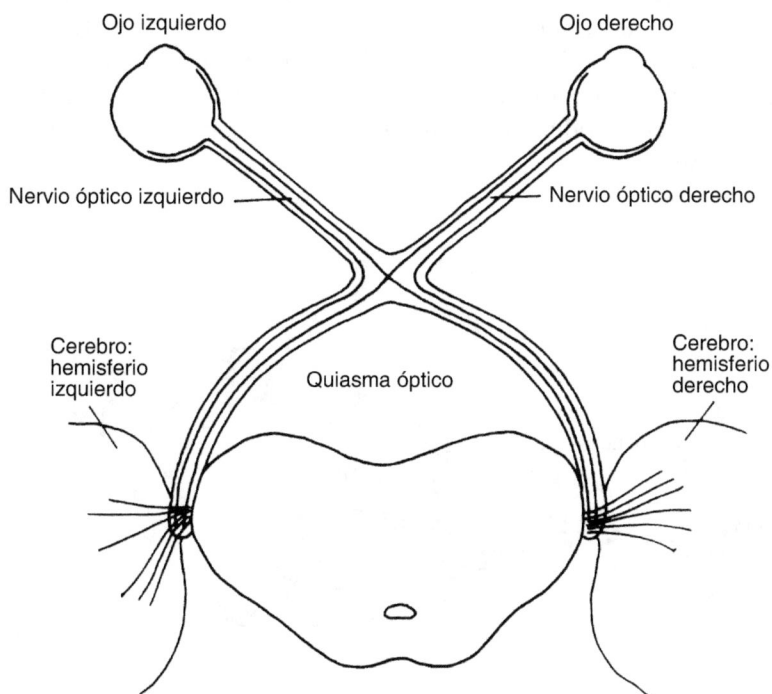

FIGURA 3. *Recorrido de las vías ópticas*

El movimiento de los ojos

El ojo, como ya se ha dicho, recibe imágenes nítidas únicamente si inciden sobre la fóvea, por lo que debe moverse continuamente para abarcar todo el campo visual. En esta función le ayudan los músculos extrínsecos.

Hay cuatro músculos que conectan el ojo con la órbita ocular circundante y que permiten su movimiento en todas las direcciones. Están colocados cerca del ecuador del globo: uno en el interior, que lo conecta directamente con la cavidad orbitaria, otro en el exterior, otro más en el extremo superior y el último en el inferior y controlar así el movimiento en todas las direcciones (fig. 4).

Hay además dos músculos oblicuos que son los responsables del movimiento en diagonal. En su conjunto, con la acción combinada de todos estos músculos, puede realizarse una rotación completa.

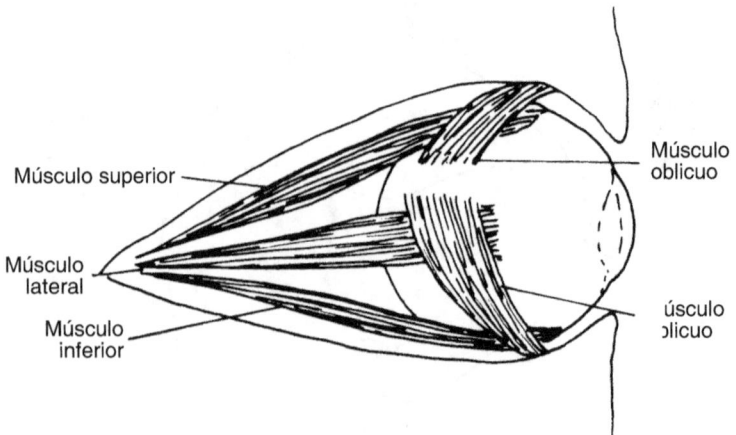

FIGURA. 4. *Músculos extrínsecos*

20

Resumiendo, en la figura 5 vemos:
— la membrana esclerótica externa, muy resistente (1);
— la membrana corioidea, que aporta sangre (2);
— la retina (3), con la mácula lútea (4) y la fóvea (5) detalladas.

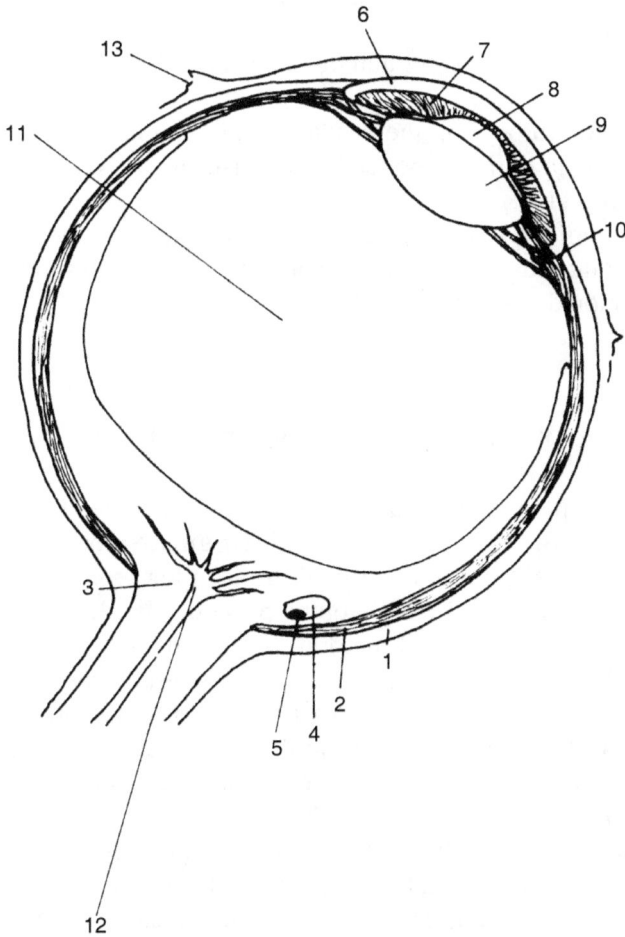

FIGURA 5. *El ojo, un poco más detallado*

En el otro lado:

— la córnea, transparente (6);
— el iris, que se contrae o se expande según la luz (7);
— la pupila (8);
— el cristalino (9), que se arquea o se aplana por la acción del músculo ciliar (10);
— el cuerpo vítreo y el humor acuoso, que llenan el globo ocular (11);
— el nervio óptico, que desde el globo ocular, y en concreto desde la retina, conduce los impulsos nerviosos hasta el cerebro (12);
— la conjuntiva (13) pegada al párpado, que recubre el globo ocular. Cuando se habla de conjuntivitis, nos referimos la irritación de esta membrana.

Los problemas visuales más comunes

No creo que nadie no haya oído hablar nunca de la miopía, la hipermetropía, la presbicia y el astigmatismo, ya que, tal como reza el título de este capítulo, son los problemas visuales más comunes. Sin embargo, a pesar de ello, la medicina no ha logrado encontrar el método perfecto para su prevención y cura. Es más: las ideas del doctor Bates sembraron la polémica entre los oftalmólogos norteamericanos al adoptar un punto de vista diferente para describir las causas y la naturaleza de estas anomalías. Veamos brevemente a continuación cuáles son sus opiniones.

Según la medicina tradicional, estos problemas se deben a una modificación estable de la forma de las estructuras oculares sobre la que no se puede intervenir. No cabe la posibilidad, por lo tanto, de una auténtica curación. Como mucho, podemos intentar mejorar nuestra visión con el uso de gafas o lentes de contacto.

Buena parte de estos problemas tiene su origen en la córnea, el cristalino, el humor acuoso o el cuerpo vítreo, que se encargan de la refracción de la luz .

La córnea, al ser curva, tiene una estructura distinta por las dos caras: normalmente. La diferencia es mínima, salvo en los casos de astigmatismo, en los que las imágenes pueden llegar a deformarse notablemente.

El cristalino, por su parte, tiene que modificar o —dicho de una manera más técnica— se acomoda continuamente su forma para enfocar los objetos sobre la fóvea de la retina. Se aplana cuando enfoca objetos lejanos y se curva en el caso de que sean cercanos.

Si el cristalino asume una forma demasiado aplanada, aunque sólo sea un poco, provoca la incapacidad de enfocar los objetos cercanos llamada presbicia.

También es fundamental la forma del globo ocular: generalmente, permite enfocar sobre la retina tanto los objetos cercanos como los lejanos, jugando con la variación de convexidad del cristalino.

Si el globo ocular es más corto en la parte anteroposterior, los objetos lejanos deberán ser enfocados detrás de la retina, lo que supondrá realizar un esfuerzo de acomodación especial, y otro aún mayor en el caso de los cercanos, lo que hará ya del todo imposible enfocar los que se encuentran muy cerca.

Se habla entonces de hipermetropía, es decir, la incapacidad de ver con claridad los objetos cercanos un problema cada vez más extendido, pero de fácil solución.

Lo contrario ocurre con la miopía, en la que el globo ocular se ha alargado anteroposteriormente de manera que los objetos cercanos puedan enfocarse sobre la retina sin esfuerzo, con perjuicio de la imagen de los lejanos, ya que incide delante de ella y, por tanto, resulta desenfocada (figs. 6, 7 y 8).

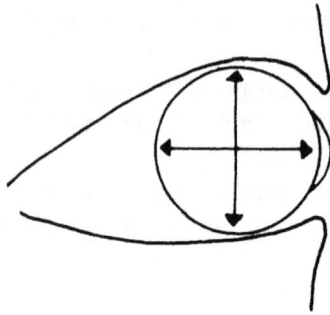

FIGURA 6. *Globo ocular normal*

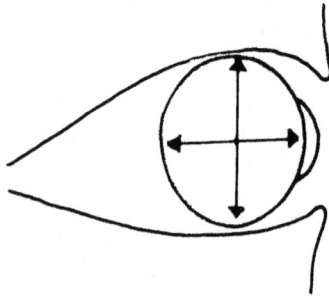

FIGURA 7. *Globo ocular acortado*

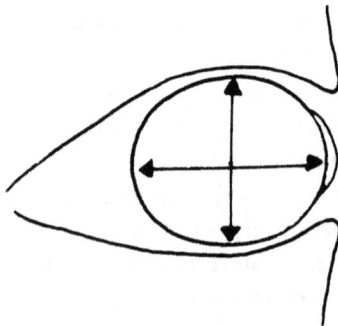

FIGURA 8. *Globo ocular alargado*

24

La teoría del doctor Bates

De este modo, y según la oftalmología clásica, astigmatismo, presbicia, hipermetropía y miopía se deberían a deformaciones estables de la córnea, del cristalino o del globo ocular, por lo que no habría nada que hacer. La única manera de resolver el problema sería el empleo de lentes.

El doctor Bates, por el contrario, consideró que el fenómeno de acomodación, fundamental para un enfoque correcto, no afecta únicamente al cristalino, el cual se curva o se aplana según los casos, sino a todo el globo ocular, que cambiaría continuamente de forma por acción de los músculos oculares.

No existe, pues, un acortamiento o un alargamiento estable del globo ocular que sea irreversible, sino más bien un hábito de mantenerlo de esta forma, debido a un uso inadecuado de los músculos oculares. Lo mismo hay que decir del cristalino, el cual, movido por el músculo ciliar, puede mantenerse demasiado relajado de forma crónica, aumentando su convexidad, o tensarse demasiado, aplanándose.

El uso inadecuado de los músculos oculares que mantiene en una forma anormal el globo y el cristalino puede achacarse a malos hábitos visuales que pueden ser modificados con los ejercicios correctivos pertinentes.

Esta es la teoría del doctor Bates. Sin embargo, e independientemente del hecho de que sea más o menos correcta que la clásica, lo que nos importa son los resultados de su método. El doctor Bates ha puesto a punto, durante años de trabajo, una serie de ejercicios oculares que tratan de corregir los malos hábitos, así como devolver su capacidad visual natural.

Los resultados obtenidos al seguirlos de forma regular son innegables y, a menudo, verdaderamente sorprendentes.

Es posible recuperar la capacidad visual perdida y dejar de llevar gafas y lentes de contacto. Por supuesto, se trata de un método que exige esfuerzo y paciencia, ya que debe practicarse a diario y de forma repetida. No basta con intentarlo una vez. Todo aquel que busque una solución inmediata y fácil, es mejor que cambie de opinión o que se compre unas gafas.

Pero, para quien esté dispuesto a ocuparse de sí mismo, existe el modo de curarse de verdad.

Las reglas de oro para una buena visión

Ver nos parece algo sencillo, pero en realidad es el fruto de un largo proceso de aprendizaje. Lo que ve un niño cuando abre los ojos al mundo es un conjunto absolutamente caótico e incomprensible de luces y colores.

Imaginémonos un movimiento continuo de manchas coloreadas indefinidas y de luces que cambian de intensidad, y tendremos una remota idea de lo que se presenta ante los ojos de un recién nacido. Lo mismo que se presenta ante todos aquellos que, ciegos de nacimiento, recuperan la visión después de someterse a una operación y ven por primera vez.

Un torbellino desprovisto de significado. Un caos total. La sensación es tan desagradable que muchos preferirían volverse ciegos de nuevo, no emplear los nuevos ojos y seguir moviéndose en el mundo con la ayuda del oído, del tacto y del olfato, como hacían hasta entonces con tal de no sentirse tan desprotegidos y desconcertados como en ese momento.

Aquel, por lo menos, era un mundo conocido; con los años había tomado forma, cobrando un orden y un sentido particulares, mientras que el que ahora le muestran sus ojos es incomprensible, absurdo. ¿Por qué?

Lo que llega hasta nuestros ojos no es más que ondas luminosas, radiaciones con distintas frecuencias que inciden sobre nuestra retina y que aprendemos a distinguir con el tiempo. Si ahora podemos, y sabemos, identificar la fuente de la luz y los objetos que se encuentran debajo se debe a un largo proceso de aprendizaje y memorización instintiva. Más que aprender a ver, se aprehende.

Sabemos distinguir las diferencias y nombrarlas como colores. Sabemos también relacionar un color o una forma determinados con un objeto presente en el mundo exterior y otorgarle un nombre. Decir «¡mira, un perro!» es el resultado de un proceso extremadamente complejo que hemos aprendido a desarrollar con los años.

Al principio, el niño se ve inmerso en esta confusión, hasta que se va dando cuenta poco a poco de las diferencias entre los colores y las formas. Después las relacionará con diversos objetos, hasta acabar dándole un sentido, sabiendo qué es y para qué sirve. Sólo mucho más tarde aprenderá a relacionar un nombre con esa sensación y llamar *rojo* al color rojo.

De este modo, poco a poco, todo adquiere un significado y se vuelve comprensible. Nuestros ojos se abren a un mundo conocido. Un enorme bagaje de experiencias acumuladas y recordadas nos permite traducir en fracciones de segundo una sensación visual en la visión de una cosa cualquiera.

Estamos tan acostumbrados a ello, que no nos damos cuenta de la enorme cantidad de trabajo que implica el mero hecho de abrir los ojos y ver. Quizá sólo en circunstancias excepcionales, como por ejemplo ante un objeto absolutamente desconocido, podemos volver a sentir un ápice del antiguo estupor, al no entender lo que, sin embargo, estamos viendo.

De todos modos, hoy en día nos resulta más difícil ver un objeto desconocido que uno familiar.

Principios necesarios para una buena visión

En resumen, el proceso visual se compone de sensación, percepción y memoria.

La sensación, entendida como recepción del estímulo, se produce en el plano de los ojos, y presupone la integridad y el funcionamiento de las estructuras oculares.

La percepción, entendida como traducción del estímulo sensorial recibido, se produce en el plano del cerebro, y presupone a su vez la integridad y el funcionamiento de las estructuras cerebrales que se relacionan con ella.

Así ocurre también con la memoria, entendida aquí como la asociación de la percepción obtenida con otras precedentes, con el fin de reconocerla.

Para una buena visión, es preciso que los ojos y el cerebro funcionen correctamente. La lesión o disfunción de una de estas estructuras impide que el proceso se realice plenamente. Pero, aunque todo esté en su lugar, no basta: para ver bien, hay que hacer un buen uso de los ojos.

¿Mirada fija o mirada móvil?

Podemos hacer un experimento muy sencillo para comprender todo lo que se ha explicado anteriormente.

Tratemos de fijarnos en un detalle de un objeto cualquiera, sin apartar la mirada ni parpadear durante unos minutos. Empezará a desenfocarse y se hará borroso, hasta que, si la observación se prolonga durante más tiempo, prácticamente no podremos distinguirlo e incluso comenzaremos a sentir molestias.

Una mirada fija no puede enfocar bien un objeto.

Para que un campo visual esté bien enfocado es preciso que los ojos no estén fijos, sino que efectúen movimientos muy pequeños para permitir que la fóvea enfoque unos y otros detalles del campo, de manera que en el plano mental, logremos construirnos una imagen nítida y muy clara del conjunto.

Hemos dicho en el plano mental, porque el ojo por sí mismo sólo puede enfocar perfectamente una porción muy limitada de lo que encuadra, mientras que todo lo que queda enfocado al margen de la fóvea resulta más bien borroso.

Así, si se mueve continuamente y recibe con claridad, ahora un punto, ahora otro, nosotros podemos después asociar mentalmente estos detalles nítidos y hacernos una idea clara del conjunto.

Esfuerzo, tensión y tedio, causas de los problemas visuales

¿Por qué, entonces, mantenemos fija la mirada?

La hipótesis que suele darse explica esta situación como el resultado de un exceso de esfuerzo de concentración. Al intentar ver algo, nos fijamos demasiado en el objeto y fracasamos en nuestro empeño, ya que no lo vemos tan bien como se deseaba. Una cierta dosis de atención y de concentración es necesaria para la vista. Por ejemplo, nos resultará más fácil leer si nos abstenemos de mover todo el cuerpo al mismo tiempo. Una regla general de la concentración en una actividad cualquiera es la inhibición de actividades contemporáneas; toda nuestra atención se desplaza hacia esa actividad, y las otras quedan momentáneamente excluidas.

No podemos leer y, al mismo tiempo, masticar, fumar, escuchar música, hablar y marcar el compás. Para hacer algo bien, hay que concentrarse en ello. A pesar de esto, si nos excedemos, puede llegar a ser perjudicial. Si la inhibición del movimiento se amplía hasta los músculos del ojo, puede resultar contraproducente e incluso perjudicial para nuestra salud.

Un esfuerzo excesivo es dañino. Muchas veces la incapacidad de concentrarse en un tema se debe precisamente a un esfuerzo excesivo. Nuestra atención está en continuo movimiento, y oscila libremente de un objeto a otro, y así puede permanecer sobre un solo detalle sin que nos fatiguemos.

Si, por el contrario, nos obligamos a mantenerla excesivamente fija en algo, pronto sentiremos cansancio y nos veremos literalmente incapaces de continuar. Por ejemplo, fijémonos en lo que estamos haciendo ahora mismo. A medida que leemos estas líneas, nuestra mirada no seguirá constantemente los caracteres tipográficos, sino que se desplazará hacia un lado, hacia los márgenes de la página, en el espacio libre entre las líneas, hacia los objetos circundantes, hacia la ventana. Mientras tanto, cambiaremos la posición del cuerpo, las manos y las piernas se moverán, algún pensamiento interrumpirá nuestra lectura, oiremos ruidos, voces a nuestro alrededor, etc.

Es normal que nuestra atención, aun volviendo siempre a los caracteres tipográficos, se desplace de forma continuada e imperceptible hacia otros puntos. Así, podremos leer durante mucho tiempo. Pero, si tratáramos de reprimir completamente cualquier gesto, cualquier pensamiento, cualquier percepción distinta para concentrarnos únicamente en la lectura, no aguantaríamos más de unos minutos. Se comprueba entonces lo que ocurría cuando mirábamos fijamente un objeto.

Hay que tener siempre presente cuál es nuestra forma natural, fisiológica, de actuar, para no forzarnos equivocadamente.

Los problemas oculares —miopía, hipermetropía, astigmatismo, etc.— raramente están presentes desde el nacimiento, sino que en la mayoría de los casos, aparecen más tarde y se desarrollan con el paso de los años.

Existe, por tanto, un período durante el que vemos bien. Según el doctor Bates, debemos recuperar este estado aprendiendo cuál es el funcionamiento ocular correcto.

Hemos aprendido de forma natural, sin darnos cuenta, a usar nuestros ojos desde pequeños; pero después hemos aprendido también a usarlos mal, perjudicándolos, por lo que se trata de volver a aprender, de forma consciente esta vez, los hábitos adecuados y abandonar aquellos que no lo son.

No es casual que muchos problemas visuales aparezcan durante la edad escolar; ni que la imagen típica de un intelectual sea la de una persona con gafas.

No se trata tampoco de achacar todos nuestros problemas a la escasez de iluminación o a la distancia del libro. Ambos son aspectos importantes. Casi todos los ambientes cerrados —y la escuela en primer lugar— están iluminados de forma insuficiente, lo que supone un esfuerzo excesivo que puede perjudicarnos. Asimismo, es importante la distancia que media entre el objeto y los ojos, puesto que, si se acostumbran durante horas a mirar a diez centímetros de la punta de la nariz, después se cansarán cuando deban fijarse en otros situados a distancias mayores. No hemos nacido para estar siempre delante de un muro.

Nuestros ojos son los mismos que tenía el hombre primitivo, adaptados a vastos prados y montañas lejanas. Y, sobre todo, quien vive en la ciudad raramente tiene la oportunidad de adiestrar los ojos enfocando objetos demasiado lejanos. Pero este no es un motivo suficiente como para que todos seamos miopes.

No se trata ni siquiera de una cuestión de cuántas horas leemos cada día, ya que si no se fuerza la vista —es decir, si no se la inmoviliza en exceso—, no pasará nada.

Aldous Huxley cita como uno de los motivos más comunes y a la vez más graves de los problemas visuales el tedio. Esta afirmación puede parecernos extraña en un primer momento, pero lo cierto es que cuando una tarea nos resulta aburrida y prolongarla supone un esfuerzo, el mero hecho de obligarnos a proseguir se convierte en una tensión voluntaria para mantener la concentración, con la consiguiente inmovilización de la mente y el cuerpo.

En el plano de los ojos, esto se realiza con una contracción de los músculos oculares para fijarnos en el objeto. Además, se produce un círculo vicioso, ya que el tedio genera esfuerzo, este hace más aburrida la tarea, lo que supone incrementarlo de nuevo para acabarla, y vuelta a empezar. Y así, hasta el infinito.

El otro gran motivo que nos induce a usar mal los ojos es, según Huxley, el deseo excesivo de hacer algo bien. La tensión por salir airosos, por no equivocarnos, por implicarnos en algo, repercute también en los músculos oculares.

Pero, con independencia de cuál sea la motivación originaria (escasa iluminación, tedio, constricción externa, autoconstricción, ansias de salir adelante, miedo a equivocarse), el resultado es siempre el mismo: esfuerzo y tensión.

La importancia de una buena respiración y circulación de la sangre para la salud de los ojos

El tipo de tensión que afecta a los ojos y el proceso visual es la que se origina al ver, al entender, al comprender racionalmente. Es, pues, una tensión de tipo intelectual. Esta tensión excesiva es, al mismo tiempo, psicológica, muscular y ocular.

Desde el punto de vista muscular, se trata de una contracción de los músculos de la nuca, el cuello y los hombros.

La cabeza es el núcleo de nuestros procesos intelectivos. Los músculos encargados de sostenerla parecen ser los primeros en tomar parte en el esfuerzo racional asociado a la tensión ocular.

Por otro lado, participan también directamente en el daño a los ojos, puesto que con su concentración impiden el flujo de sangre y, por lo tanto, una buena oxigenación de los tejidos.

Debe tenerse en cuenta, además, la reducción de la respiración. No son pocas las personas que, cuando se disponen a realizar un esfuerzo ocular, sufren una ligera apnea.

La inmovilización de todo el cuerpo para concentrar la atención en el proceso visual que se está realizando, se extiende hasta los músculos de la respiración. La respiración suele relajarse y, en general, se reduce su amplitud. Durante el esfuerzo, se vuelve discontinua y no fluye con calma ni profundidad.

Con todo ello, ciertamente, se reduce la circulación de la sangre oxigenada a todo el cuerpo, incluidos los ojos, que se hallan dominados por las contracciones musculares locales.

Los ojos se resienten del estado general del cuerpo y, a su vez, influyen en él.

Por ello es posible relajar y curar nuestros ojos si nos preocupamos por mejorar el estado de nuestro organismo.

Por ejemplo: si como hemos visto, el estado de tensión es el responsable principal de los problemas oculares, cualquier intervención orientada a lograr una relajación general favorecerá también todos los órganos, de la misma manera que un aumento de la tensión podría hacerlos sufrir más.

Todas las formas de relajación son buenas para la salud de los ojos, desde el *training* autógeno hasta el yoga o unas simples vacaciones. También son útiles todas las intervenciones que favorezcan la circulación de la sangre, como el movimiento, la gimnasia, la danza o los masajes. Una respiración mejor que proporcione más oxígeno, así como de una alimentación equilibrada que trate de evitar cualquier estancamiento de productos de desecho que podrían endurecer y obstruir las delgadas ramificaciones sanguíneas, disminuir la elasticidad de los tejidos y obstaculizar el drenaje, son los objetivos que debemos seguir.

Quién sufre los problemas visuales

Pero veamos qué le sucede a quien sufre de problemas visuales.

A estas alturas, nadie pondrá en duda que los ojos están relacionados con la visión, y esta, con la luz.

De la oscuridad, de lo oscuro, de lo que no entendemos, de lo que no conocemos, tratamos de distinguir poco a poco elementos comprensibles y asociarlos progresivamente, construyendo un universo conocido.

La lucha que se entabla entre la luz y la oscuridad, entre lo visto y lo no visto, de hecho reproduce la que se libra entre lo conocido y lo ignorado.

Y nosotros tratamos siempre de conocer, de sacar de la sombra la realidad, de ver claramente lo que antes era oscuro, ignoto e incomprensible.

La sabiduría popular así lo confirma: hay quien «ve claramente la situación» y quien «no lo ve claro»; hay quien trata de «descubrir, de sacar a la luz» y quien intenta «ocultar»; quien «muestra sus cartas» y quien «se las guarda». Todos ellos son términos visuales que se refieren a situaciones más generales.

Hay quien «ve a lo lejos» y quien tiene «una venda en los ojos»; quien trabaja «sobre vastos horizontes» y quien «no ve más allá de sus narices». Quien «no quiere ver la viga que tiene en el ojo» y quien «ve gigantes donde sólo hay molinos».

Relacionemos todo esto con los problemas oculares: ¿cómo es posible que alguien no pueda ver lo que tiene cerca? Ciertamente, si se quiere se puede achacar su escasa visión a un problema de sus ojos. Pero no se trata solamente de sus ojos, sino que es él mismo, toda su persona, quien «no ve lo que tiene cerca».

Si lo analizamos bien, comprobaremos cómo todo su ser sufre el mismo problema.

No ver de cerca significa captar sólo el cuadro general, lo lejano, el futuro, pero también perderse, confundirse, no distinguir claramente lo cercano, las cosas concretas; hay que darse cuenta y actuar rápidamente para no desaprovechar la ocasión.

Lo contrario ocurre con la miopía.

Las cosas cercanas, tomadas en un sentido también metafórico además de real, son todas claras, precisas y definidas. Es el futuro, fruto de estas acciones cercanas, lo que queda en la niebla de la indefinición. Hay quien, en ocasiones, puede ver las cosas cercanas, pero rechaza seguir su desarrollo, y darse cuenta de las consecuencias.

La visión y nuestra manera de ver nunca están separadas de cómo somos ni de cómo afrontamos la vida en general —de «cómo la vemos», en suma— y hay quien no lo hace correctamente. Los astigmáticos, por ejemplo, deforman el campo visual. No es que no vean los objetos cercanos o los lejanos, sino que lo hacen a su manera, adaptándolos según su óptica. ¿Acaso no puede relacionarse esto con un modo de ser más general? ¿No tendría que ver con una deformación que inflige nuestra visión a los acontecimientos según nuestro punto de vista, a menudo en franca oposición con los mensajes que nos llegan de la realidad?

Nuestra forma de ver está relacionada con nuestra forma de ser más global. Ver de una determinada manera es ser de una cierta manera.

En consecuencia, lo que necesitamos para curar nuestros ojos es, en realidad, transformar nuestra manera de ser en su conjunto, y podremos conseguirlo sólo si reconocemos que hay algo que no funciona.

Cambiar nuestra modo de ser es difícil, y únicamente puede resultar si estamos profundamente convencidos de que así lo queremos o si nos lo planteamos como un objetivo.

Si los problemas oculares se deben, en esencia, a un esfuerzo excesivo para ver, no nos sorprenderá el hecho de que aquellos que tienen los ojos dañados de alguna manera sean personas, por lo general, que dan prioridad absoluta a la actividad intelectual. La imagen del niño con gafas se asocia espontáneamente a la del primero de la clase o al tímido, y no a la del campeón de fútbol de la escuela.

Cualquier intento de solucionar los problemas visuales deberá tener en cuenta una modificación de la actitud y las costumbres que se asociaban con ese problema. Para hacernos una idea concreta de esto, toda modalidad de intervención que desarrolle un interés real hacia otras esferas de existencia que no sea la estrictamente intelectual —como por ejemplo, experiencias del campo afectivo, del conocimiento y uso del cuerpo, del desarrollo del movimiento, de la afinación de nuestros sentidos, del sentido auditivo, de la sensibilidad musical, de la creatividad manual, etc.—, tendrán un efecto indirecto a primera vista, pero comprensiblemente significativo en la transformación de un modo de ser que se centraba hasta entonces en la vista y en el intelecto.

Dado que el carácter constrictivo de la actividad genera un esfuerzo, nos será útil aprovechar la atención espontánea. Todos nosotros somos capaces de dirigir inconscientemente y de forma productiva nuestra energía hacia actividades libremente elegidas. La atención espontánea no es de ningún modo inferior a la atención obligada, y tiene la ventaja respecto a esta última de que no provoca fatiga, esfuerzo, cansancio o daño al conjunto del organismo.

Quien está desequilibrado a causa de un exceso de actividad que comporte esfuerzo voluntario, fatiga y tensión y que llegue a padecer problemas oculares, deberá tender hacia el reequilibrio, ampliando el espacio destinado a las actividades creativas espontáneas, que no están sometidas a ningún tipo de obligación, plazo, fin programado u objetivo preciso.

Por otro lado, la causa principal que actúa en los molestias oculares es la fijación, ya sea sobre un tema, una meta o un objetivo. Este aspecto no es sólo orgánico, puesto que no sólo los ojos están fijos.

También la mente es responsable del mismo estado general, como se decía antes, por eso debemos modificarla.

Dado que nuestra atención, nuestra voluntad, nuestra concentración y nuestros ojos oscilan libremente, podremos elegir un objeto sobre el que fijarnos, alejándonos y acercándonos a él.

El movimiento natural se basa en un centro de interés y un movimiento alrededor suyo. Forzar nuestra naturaleza, obligándola a una forma de actuar que le es extraña, no nos llevará a materializar el fin, sino únicamente a perjudicar los medios, que en este caso son los ojos.

EJERCICIOS PRÁCTICOS PARA MEJORAR LA VISTA

Consideraciones previas

Si como afirma el doctor Bates, nuestros problemas visuales son el fruto de malos hábitos, pueden corregirse mediante diversos ejercicios que estimulen los órganos dañados o atrofiados. Los resultados de su método, elaborado y comprobado en el transcurso de muchos años de carrera profesional, confirman su hipótesis. Los problemas oculares disminuyen hasta desaparecer.

Todos los ejercicios principales aparecen explicados en función del objetivo que tienen y el error que pretenden corregir.

Hay que tener en cuenta que el efecto sólo puede comprobarse al cabo del tiempo. Un mal hábito cotidiano, constante, aplicado durante años, no se cambia después de cinco minutos de ejercicio. Es inútil esperar una rápida curación, casi milagrosa, porque nos llevaremos un chasco. Para modificar un uso que ya se ha estabilizado es preciso practicar durante mucho tiempo.

Los problemas visuales desaparecerán cuando nuestros ojos hayan vuelto a comportarse de forma natural y espontánea.

Los primeros atisbos de visión normal pueden aparecer incluso después de practicar los ejercicios durante pocos días. Es más, se trata de algo muy común. Pero para que el beneficio sea estable, es preciso que la gimnasia ocular se convierta en un hábito.

Y esto sólo se consigue con tiempo y paciencia. Abandonarla tras dos o tres intentos hará inútiles los ejercicios que hayamos hecho hasta entonces. Se trata de una cura, no de una pastilla para ver mejor mientras dura el efecto.

Cubrirse los ojos con las manos
(*palming*)

En el capítulo anterior hemos visto que la mayoría de los problemas oculares se deben a la tensión, la contracción y el esfuerzo. Una situación general de tensión intelectual comporta un cansancio ocular adicional, y viceversa.

La técnica que presentamos intenta romper este círculo vicioso, tratando de atenuar sus efectos mediante la relajación física y psíquica de los ojos.

Sin embargo, cuando alguien está muy enfrascado en su trabajo no piensa en interrumpirlo durante unos instantes para relajarse. Hacerlo supone ya un gesto de mejora. Implica asumir que, al actuar de ese modo, nos estamos perjudicando a nosotros mismos. Aceptar una breve interrupción para seguir en mejores condiciones es tanto como ocuparse activamente del propio bienestar. De hecho, pensar en detener así la loca carrera que nos lleva a actuar contra nuestra propia naturaleza y nuestra propia salud es un signo concreto de la voluntad de curarnos.

El ejercicio

El ejercicio es, en sí mismo, muy simple.

Se trata de cubrirse los ojos con las palmas de las manos (fig. 9). La posición más cómoda es estar sentado, apoyando los codos sobre la mesa, con las palmas de las manos en los pómulos y los de-

FIGURA 9

dos en la frente. Esto es así para que los ojos no resulten opri-
midos, aplastados o restregados durante la sesión, sino sólo cu-
biertos, para evitar así el paso de la luz. También el contacto de
las manos es beneficioso. Nuestras manos tienden de forma espontánea hacia donde se produce un dolor o daño. Con ellas nos
tapamos una herida, apretamos una zona dolorida o aplicamos un
masaje sobre un punto doloroso.

No entraremos aquí en los detalles de la acción beneficiosa de
las manos impuestas sobre zonas enfermas.

El objetivo es relajar los ojos, protegerlos durante unos instantes de cualquier estímulo de las ondas luminosas y del esfuerzo que supone el acto visual. Crear una oscuridad, en suma.

Una persona que carezca de problemas visuales verá fácilmente la oscuridad uniforme, negra, homogénea con este ejercicio.

Por el contrario, quienes padecen alguna dificultad visual
verán una oscuridad salpicada de luces, a través de franjas blan-
cuzcas, manchas grises o coloreadas, lo que nos da a entender
que el ojo no está relajado, sino que todavía está recreando el

proceso visual y se siente incapaz de desconectar. Para favorecer la relajación y obtener una oscuridad uniforme, lo más práctico es recurrir a la imaginación. Pensemos en escenas relajantes, que bien pueden ser recuerdos agradables o fantasías tranquilizantes. Todo está permitido, siempre que sea distendido. Y no hay que olvidar que si logramos imaginar o recrear mentalmente una escena pasada, debemos seguirla, pero sin detenernos en un detalle único, sino dejando fluir nuestra imaginación, y con ella, nuestro «ojo interior», sobre las imágenes, dejándola vagar de aquí para allá, pasando de un detalle a otro.

Tras unos minutos —el tiempo necesario depende del estado de tensión de nuestros ojos—, la oscuridad se hará más homogénea, más compacta.

Cuando volvamos a abrir los ojos, lo haremos poco a poco, comprobando que nuestra visión ha mejorado ligeramente, y así seguirá durante un tiempo. Repitiendo este ejercicio con frecuencia, sentiremos de nuevo estas ventajas.

¿Cuándo hay que practicarlo?

Lo más a menudo posible. Cualquier ocasión es buena. De todos modos, no siempre que sintamos los ojos cansados y fatigados, sino más bien cuando nos duelan o advirtamos una tensión ocular.

Es bueno hacerlo de vez en cuando, mientras leemos, escribimos o debemos fijar la vista durante mucho tiempo en un objeto cercano.

¿Para qué problemas es útil?

Para cualquier problema, ya se trate de miopía, presbicia, hipermetropía, astigmatismo, etc.

¿Cuánto debe durar?

Puede durar todo el tiempo que queramos, por breve que sea. Una duración media podría ser de unos diez minutos, repitiéndolo varias veces al día.

Pero es mejor que cada cual descubra su ritmo natural: así, habrá quien prefiera 2 o 3 minutos a cada página leída, y quien se tome media hora o una hora al acabar el trabajo.

La relajación

Si en ciertas circunstancias nos sentimos cansados y no podemos adoptar la posición indicada para el ejercicio, podemos recurrir a un ejercicio de relajación más sencillo todavía. Se trata, simplemente, de cerrar los ojos y dejar correr la imaginación sobre escenas distendidas, realizando un suave masaje alrededor de los ojos, pómulos, entrecejo y sienes.

Hacerlo con las manos cruzadas permite masajear los músculos circundantes, así como la zona periorbitoria.

El parpadeo *(blinking)*

Hemos visto que el ojo está revestido externamente por una sutil membrana protectora transparente, la conjuntiva, pegada a los párpados.

La conjuntiva está humedecida por las lágrimas constantemente. No se trata de las mismas lágrimas que lloramos, sino más bien de una continua y moderada emisión de líquido que lubrifica, limpia y facilita el desplazamiento de los párpados sobre la conjuntiva.

Como podemos apreciar en cualquier momento, el polvo se deposita continuamente sobre todas las cosas, creando una capa opaca resistente al paso de la luz. Para una buena visión es necesario que la conjuntiva permanezca transparente, limpia y humedecida.

El parpadeo cumple precisamente esta función: en cuanto un cuerpo extraño penetra en el ojo, sentimos una fuerte molestia, un escozor que irrita levemente la conjuntiva y empezamos a lagrimear, tratando de expulsarlo.

Cuando estamos relajados, nuestros párpados se cierran espontáneamente y de manera repetida. Pero cuando estamos demasiado concentrados en alguna cosa, nos olvidamos de ellos y es aquí cuando surgen los problemas, ya que una lubrificación deficiente hace que la conjuntiva se reseque y los músculos oculares, por otra parte, tienden a inmovilizarse. La inmovilización de todos nuestros músculos, normal en estos momentos, está asociada directamente con la inmovilización más general de los ojos.

Quienes sufren de sequedad, inflamación u ofuscamiento en los ojos tienen los párpados demasiado tensos, inmóviles, contraídos, con las consiguientes molestias.

Por término medio, parpadeamos una vez cada cinco segundos, mientras que si lo hacemos con más frecuencia puede ser un síntoma de nerviosismo; parpadear menos es señal de una fijación perjudicial para el ojo.

El ejercicio

El ejercicio se realiza parpadeando diez veces a gran velocidad; esperando unos segundos con los ojos cerrados; repitiéndolo diez veces más; cerrándolos otra vez; y volviendo a practicarlo inmediatamente. El ejercicio debe practicarse durante algunos minutos (figs. 10 y 11).

FIGURA 10

FIGURA 11

47

Esto servirá para interrumpir inmediatamente la fijación que tanto nos molesta y acostumbrarnos, con el paso del tiempo, a parpadear con una frecuencia natural.

¿Cuándo hay que practicarlo?

Cualquier momento es bueno para este ejercicio. Al principio, vale la pena practicarlo durante unos minutos cada hora, puesto que así recuperaremos más rápidamente el hábito de un ritmo regular de parpadeo durante toda la jornada. Además, nos ayudará a darnos cada vez más cuenta de cuándo y hasta qué punto tenemos inmovilizados nuestros ojos. Resulta fundamental parpadear a menudo durante la realización de tareas minuciosas que exijan una concentración continuada sobre detalles muy pequeños, como por ejemplo, la lectura de un impreso de caracteres diminutos, la reparación de un reloj, o cualquier otro trabajo manual que exija precisión.

El parpadeo acentuado

Hay otro ejercicio, similar al que acabamos de presentar, que podemos practicar cuando queramos ejercer un masaje ocular más enérgico o cuando nos piquen los ojos.

Nunca es bueno rascarse los ojos, restregarlos o tocarlos con el dedo o los nudillos.

El ejercicio

Si tenemos necesidad de frotarnos los ojos, podemos recurrir a este ejercicio y cerrar los ojos, apretando al máximo los párpados, lo más fuerte que podamos, relajar los músculos, descansar unos segundos y volver a repetirlo (fig. 12). Así se implica toda la musculatura facial, y no sólo los músculos de los párpados, sino también los de la zona que se encuentra alrededor de los ojos, la boca, la frente y las mejillas.

El picor pasará y habremos ejercido un provechoso automasaje de la zona circundante.

FIGURA 12

La oscilación

Los ejercicios de oscilación se encuentran entre los más importantes para quien padece problemas visuales.

Cuando nos movemos en una cierta dirección, los objetos cercanos parecen hacerlo en la dirección opuesta.

Más de uno, a bordo de un tren parado en una estación, ha tenido dificultades para discernir completamente si era el suyo el que iba hacia atrás para maniobrar, o bien era el de al lado el que iba hacia adelante para salir.

Incluso desde un tren en marcha, los objetos cercanos parecen moverse frenéticamente, mientras que los lejanos más bien parecen inmóviles.

Hemos visto la importancia de la movilidad ocular y mental para gozar de una buena vista. Los ejercicios de oscilación aprovechan este movimiento aparente de los objetos para que nos acostumbremos a la percepción visual del cambio continuo.

Los ojos fijos se concentran en los objetos fijos y, a nivel mental y psicológico, se reproduce la misma rigidez y dificultad de movimiento.

Hay muchas motivaciones de fondo que pueden provocar este propósito. Se trata del intento de detenernos nosotros mismos y detener el mundo que nos rodea para poder aferrarlo bien. Es preciso tener en cuenta la dificultad de percibir todo en movimiento, donde el sujeto cambia su posición e, inevitablemente, cambia también la de los otros.

El mismo esfuerzo exasperado por aferrar el objeto, por verlo todo a la vez y rápidamente, que se encuentra en la base de todos los problemas oculares, se materializa física y psicológicamente en el intento de fijar el encuadre, detenernos nosotros mismos y nuestros propios ojos, así como los objetos externos que, inevitablemente se mueven con ellos. Y al contrario: el intento de detener los objetos exteriores, de inmovilizarlos en una cierta perspectiva para así poderlos captar mejor, se materializa parándonos nosotros mismos y nuestros ojos. No es por casualidad que precisamente ejercicios como el de la oscilación provoquen las intolerancias más violentas. A menudo, al practicarlo por primera vez se experimenta un sentimiento de profundo desagrado. Quien se ha acostumbrado a fijarse rígidamente a sí mismo y el mundo que le rodea en una posición determinada, sufrirá una sensación de pánico al entrar en contacto con este universo en movimiento, en el que todo cambia constantemente de posición y en el que nada se encuentra en el punto en el que lo habíamos dejado hace un instante. Esto tiene un sentido muy profundo, incluso a nivel psicológico: quien tiene la mirada fija y una inmovilidad visual trata también de mantener fijas sus posturas en otros campos. Generalmente, detesta cambiar, mudar su punto de observación, su óptica, en un sentido tanto físico como psíquico, y detesta ver cambiar, a medida que se mueve, la posición de los demás alrededor suyo. Querría ver un mundo congelado, estático, seguro, como una fotografía. Pero nuestros ojos no son así, ni tampoco lo es la vida. Nada es como una fotografía: nosotros cambiamos de una forma imperceptible, aunque continua.

Somos distintos, nuestro cuerpo es distinto, se ha hecho materialmente otro. No estamos constituidos físicamente por las mismas células de hace tres años. Están muertas. Se han renovado. E incluso psicológicamente, aunque pueda sorprendernos, no somos los mismos que hace unos años, y aunque nos hubiéramos empeñado en mantenernos iguales, el resultado no habría sido tampoco el mismo: «ser de tal manera» a los veinte años tiene un sentido muy distinto que a los cuarenta.

Cambiamos nosotros, cambian las situaciones externas y también, sobre todo, en relación a cómo cambiamos nosotros.

Esta es una gran lección psicológica que nuestros ojos experimentan y nos recuerdan en todo momento. Si estos cambian su ángulo de visión, las cosas que nos rodean también han mudado de aspecto.

Modificar la fijación ocular implica modificar también todo un modo de ser basado en la inmovilidad propia y ajena, y seguramente también transformarnos nosotros mismos mediante el cambio de nuestra forma de usar los ojos.

Si vemos mal es porque hay algo que no funciona.

La valentía de aceptar este mensaje, de entenderlo, de hacer lo que sea necesario para modificarlo, nos lleva inevitablemente a modificar nuestro modo de ser. En el problema captamos la manifestación exterior que nos resulta molesta y fastidiosa, de un modo de ser complejo, más impalpable y oculto, pero no menos reductivo de nuestras posibilidades naturales.

El ejercicio de la pequeña oscilación

La mejor idea será utilizar la ventana más cercana, como la del despacho, la de la escuela, la del estudio, o la de casa, por ejemplo. Es preciso tener un punto de referencia cercano que podamos relacionar con otros más lejanos.

En este sentido, el marco de la ventana sirve de referencia estable, lo que podemos ver además del objeto lejano. Nos pondremos de pie, con las piernas ligeramente separadas y oscilaremos.

Desplazaremos el peso de nuestro cuerpo del pie izquierdo al derecho de forma regular. No es necesario que el desplazamiento sea demasiado amplio. Si cargamos el peso alternativamente, el movimiento se producirá de manera natural. Eso sí, no hay que

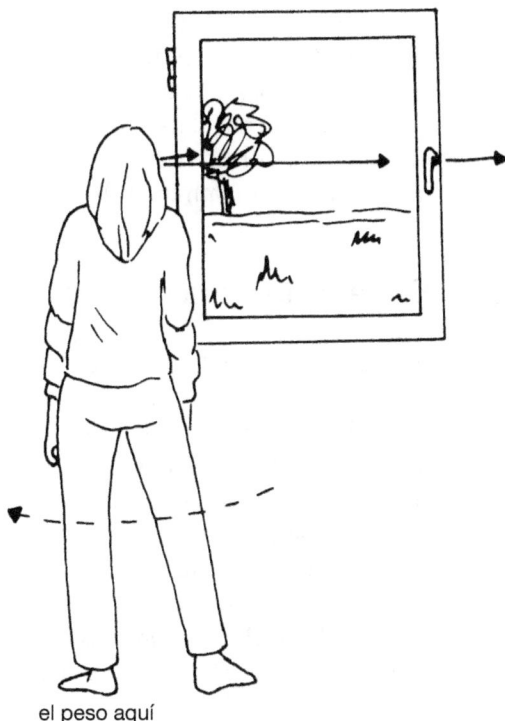

el peso aquí   el peso aquí

FIGURA 13   FIGURA 14

girar la cabeza, los hombros, la pelvis o cualquier otra parte del cuerpo, sino limitarnos a bascular lentamente, con calma (figuras 13 y 14).

Tendremos siempre presente nuestro punto de referencia cercano (el marco de la ventana) y otro lejano (la casa de enfrente, las ventanas, los árboles, las farolas). Cuando nos desplacemos a la derecha, veremos cómo todos los objetos cercanos lo harán hacia la izquierda respecto a los lejanos y viceversa.

Fijémonos en lo siguiente. Concentrémonos en el movimiento recíproco: nosotros a la izquierda y el objeto cercano a la derecha, nosotros a la derecha y el objeto cercano a la izquierda, nuestra visión estará siempre en relación con los objetos más lejanos.

A continuación, cerraremos los ojos y trataremos de recrear con la imaginación el movimiento. Lo practicaremos durante algunos minutos. Volveremos a abrir los ojos y volveremos a bascular. Y así todo el rato, mirando e imaginando de manera alternativa.

El ejercicio de la oscilación larga

Este ejercicio añade a las ventajas de movilización ocular del ejercicio anterior los beneficios de aliviar las tensiones de los músculos de los hombros y de la espalda, así como la relajación mental que se deriva de interrumpir la concentración consciente sobre un objeto. Nos colocaremos con las piernas ligeramente separadas, como en el ejercicio anterior.

Cuando carguemos el peso sobre el pie izquierdo, ampliaremos paulatinamente el movimiento hasta levantar ligeramente el derecho del suelo, y giraremos también el tronco, los hombros, la cabeza y los ojos hacia la izquierda (figs. 15, 16 y 17). De este modo, nuestros ojos realizarán una rotación de más de 180°.

Cargando el peso sobre el pie derecho, levantaremos el izquierdo y giraremos completamente hacia la derecha de la misma manera.

Bascularemos ligeramente a izquierda y derecha, y después pararemos. Reposaremos unos minutos con los ojos cerrados, y volveremos a ello.

Durante el ejercicio no hay que fijarse en nada. Trataremos de no seguir el movimiento de ningún objeto.

Nuestra actitud hacia el campo visual en movimiento debe ser de absoluta pasividad: dejémosle que se mueva.

En este sentido, añadiremos los beneficios de la relajación mental: nuestra concentración se interrumpe y durante algunos minutos nos convertiremos en seres puramente receptivos.

el peso aquí

el peso aquí

FIGURA 15   FIGURA 16   FIGURA 17

Debe existir un equilibrio entre la receptividad sensorial natural y ampliada y la concentración consciente, selectiva y dirigida hacia un objeto.

Quien sufre trastornos visuales ha roto este equilibrio.

Este ejercicio le ayudará a suspender durante unos minutos esta actitud y a recuperar la tranquilidad.

A largo plazo, podrá comprobar cómo ve mejor si no se esfuerza en observar siempre. Su vista mejorará si no la obliga a fijarse constantemente en un solo objeto.

El ejercicio de la oscilación del lápiz

Está concebido expresamente para quien tenga un trabajo sedentario y no pueda levantarse con frecuencia para realizar los ejercicios anteriores.

Se trata de mantener un lápiz en posición vertical frente a nuestra nariz, a unos 10 o 15 centímetros. También puede utilizarse el dedo índice.

Desplazaremos la cabeza a la izquierda y prestaremos atención al desplazamiento hacia la derecha del lápiz, tomando los objetos del fondo como referencia; desplazando la cabeza hacia la derecha haremos lo contrario.

Realizaremos unas cuantas oscilaciones; después pararemos y cerraremos los ojos, recrearemos mentalmente el movimiento con la imaginación, volveremos a abrirlos y haremos oscilar el lápiz de nuevo (figs. 18 y 19).

FIGURA 18   FIGURA 19

Cuándo hay que practicar los ejercicios de oscilación

Siempre, porque son de especial importancia para quien padece problemas visuales. Deben repetirse varias veces al día. Precisamente por ello se ha recurrido al uso de objetos cotidianos: para lograr que cualquier persona pueda interrumpir con mayor facilidad su trabajo y practicarlos durante unos breves minutos.

Aunque el ejercicio de oscilación breve es suficiente, hay que practicar alguna vez al día la oscilación larga, puesto que permite, además de la suspensión de la concentración visual voluntaria, desarrollar la musculatura.

Sin embargo, es importante que entren a formar parte de los hábitos cotidianos y dejen de ser una terapia recomendada por el oftalmólogo.

Cuando caminamos, cuando corremos, o cuando simplemente nos movemos, es conveniente que prestemos atención a todo lo que sucede a nuestro alrededor. Nos daremos cuenta de que nada está quieto, lo cual no se produce únicamente durante el ejercicio, por supuesto, sino que es continuo: el ejercicio nos ayuda a darnos cuenta de ello.

Cuando estemos en el autobús, en el coche, en el tren, observaremos el movimiento de la ventanilla y del paisaje exterior, de los árboles, de los postes eléctricos o de los viandantes respecto a lo que está más lejos.

De este modo, todo puede convertirse en un ejercicio y todo puede dejar de serlo cuando se vuelva natural y constante. Hemos de conseguir realizar tales ejercicios sin apenas darnos cuenta.

No debemos olvidar que estas prácticas han sido pensadas para cambiar nuestros hábitos visuales, por lo que necesariamente deben integrarse poco a poco en nuestra vida normal, hasta convertirse en un hábito espontáneo.

El juego de la pelota

Tomarse los ejercicios como un juego puede ser útil porque los hace más relajantes, invita a repetirlos.

¡No hay necesidad alguna de que sean aburridos!

A continuación se proponen algunos que cuentan con el uso de una pelota, y que pueden tomarse como inspiración para inventar otros nuevos, especialmente si queremos que los practiquen nuestros hijos.

También los niños padecen trastornos visuales que pueden corregirse con este método; es más, cuanto antes se practiquen, mejor, puesto que los hábitos visuales incorrectos todavía no estarán muy implantados y serán fácilmente modificables.

Aun así, es fundamental que los ejercicios no sean aburridos, ya que aumentarían la fijación ocular. Por encima de todo, debemos tratar siempre de lograr la relajación ocular, por lo que si son forzosos y fatigosos, pierden desde el principio buena parte de su efecto beneficioso.

Además, no hay como tratar de obligar a un niño a que haga algo para conseguir a la larga el efecto contrario. Si lo que le estamos proponiendo le resulta antipático porque le viene impuesto en contra de su voluntad, hará todo lo posible por eludirlo.

Por lo tanto, no debemos obligarlos por la fuerza a practicar los ejercicios, puesto que no sólo nos costará conseguirlo, sino que a la larga será contraproducente.

El juego de la pelota

Veamos en qué consiste. Cogeremos una pelota con la mano izquierda o la derecha, como queramos, la lanzaremos al aire y la cogeremos con la otra mano. Intentaremos seguir la pelota a lo largo de su recorrido. Quien tenga la tendencia a la inmovilidad ocular comprobará cómo se queda parado esperando que la pelota entre y salga de su campo de visión (fig. 20).

En eso precisamente consiste el error. Tras algunos lanzamientos, cerraremos los ojos, descansaremos, volveremos a abrirlos y proseguiremos, aumentando poco a poco su amplitud.

FIGURA 20

FIGURA 21

El juego con dos pelotas

El ejercicio resulta mucho más útil si lo realizamos con dos pelotas, aunque un niño pequeño se aburrirá demasiado y no lo seguirá durante mucho rato.

Con dos pelotas, empezaremos lanzando una a la derecha, por ejemplo, y seguiremos su trayectoria, cambiando al mismo tiempo de mano la que teníamos en la izquierda. Cuando hayamos cogido la que se encontraba en el aire, lanzaremos inmediatamente la otra (fig. 21).

Tras algunos lanzamientos, pararemos, cerraremos los ojos, descansaremos, a continuación volveremos a abrirlos y seguiremos lanzándola en la dirección contraria.

Nos daremos cuenta enseguida de que lo hacemos mejor en una dirección que en otra. Sin embargo, debemos esforzarnos por conseguir hacerlo bien en las dos, da igual si somos diestros o zurdos.

Podemos aumentar la velocidad del movimiento, pero siempre debemos seguirla con los ojos a lo largo de su recorrido, puesto que el sentido del ejercicio es precisamente este.

El juego de la pelota en la mesa

Otro juego que puede practicarse con la pelota es este: nos colocaremos en una mesa cuya longitud sea menor que la de nuestros brazos abiertos, colocaremos las manos en los bordes y lanzaremos la pelota con una mano. Haciéndola correr sobre la superficie, la seguiremos a lo largo de su recorrido, la dejaremos caer por el borde de la mesa y la recogeremos por debajo, sin mirar, con la otra.

FIGURA 22

61

FIGURA 23

Repetiremos el ejercicio, invirtiendo la dirección del movimiento de derecha a izquierda y al revés.

Tampoco en este caso debemos mantener los ojos fijos en el centro de la mesa. Tener que recoger la pelota sin mirar por debajo de la mesa nos ayudará a seguirla. Utilizando dos pelotas, las lanzaremos al mismo tiempo en direcciones opuestas (fig. 23); este ejercicio será aún más útil, con la condición de que no nos quedemos mirándolas mientras se cruzan en el centro de la mesa.

El juego de las canicas

Este juego puede ser practicado con canicas de colores (fig. 24). Podemos usar un puñado entero, dado que las manos son lo bastante grandes como para coger más de una cada vez. Si jugamos

FIGURA 24

con un niño, debemos tener en cuenta esta gran ventaja con la que contamos.

El juego de la pelota para niños más pequeños

Un juego con pelota para niños más pequeños y que además puede ser practicado en pareja es el siguiente: los colocaremos sentados en el suelo, uno frente al otro, con las piernas separadas, de manera que los pies apenas se toquen, y les diremos que se lancen las pelotas el uno al otro dejándolas correr por el suelo.

Cada uno de ellos deberá tratar de cogerla con las manos antes de que le toque el cuerpo (fig. 25).

Para los niños pequeños coordinar la visión con el movimiento de las manos para poder coger una pelota al vuelo no es nada sencillo.

FIGURA 25

A menudo, los adultos les piden a los niños que hagan cosas imposibles, sin darse cuenta de ello. El ejercicio propuesto más arriba es adecuado para cualquier edad, puesto que permite que el niño se habitúe poco a poco a coger la pelota con las manos sin experimentar la desilusión continua de ver cómo la pelota llega siempre hasta el suelo. A medida que vaya adquiriendo habilidad, podrá aumentar la distancia del compañero hasta que se vea obligado a apuntar para introducir la pelota en el ángulo creado por las piernas del otro.

También debe cambiarse la pelota en función de la edad. Un niño pequeño no logrará seguir y coger un objeto pequeño. Se necesitará una pelota grande, ligera y de colores.

Un niño mayor se aburrirá en las mismas condiciones, puesto que el juego no le resulta estimulante dada la habilidad que ya ha asumido.

Este es el problema, ya que cuando juegan a pelota dos niños de edades demasiado distintas o bien se aburre el grande o bien el pequeño se siente incapaz de jugar.

Este juego puede ser practicado perfectamente por un niño solo, utilizando la pared en lugar de un compañero.

Mirar de soslayo

Del mismo modo que el resto de los sentidos, todo aquello que percibimos a través de nuestra mirada no lo hacemos de una manera global, sino que más bien nos limitamos a concentrarnos en aquellos objetos que hemos seleccionado previamente.

Volviendo a la distinción establecida en el primer capítulo, podemos decir que sentimos infinitos estímulos, pero que tan sólo percibimos algunos de ellos, quedando el resto fuera de nuestra consciencia, lo cual no quiere decir que no se registre de alguna manera. De hecho, parece ser que todo lo que nos rodea, lo percibamos conscientemente o no, deja una huella en nuestra memoria, de modo que, por muy paradójico que pueda parecernos, se dan casos en los que podemos recordar aquello que no hemos visto.

En realidad, ni siquiera podemos ser conscientes de todos los estímulos visuales que nos llegan, puesto que esto implicaría una acumulación de trabajo que no podríamos aguantar, con el consiguiente desequilibrio psicológico que supondría.

Es por esta razón, precisamente, que se habla de una selección inconsciente y fisiológica, ya que el sistema nervioso no está capacitado para captar y coordinar un volumen de información tan grande. Por lo tanto, no nos queda sino elegir, entre esta gama infinita de estímulos, aquellos que podamos percibir en un momento determinado. La selección se produce tanto consciente como inconscientemente, y está vinculada con la motivación.

Cuando leemos, estamos decidiendo voluntariamente que queremos ver lo que está escrito en las líneas impresas y excluimos de la percepción aquello que está junto al libro, aunque entre en nuestro campo visual (fig. 26). Así ocurre siempre que prestamos atención a algo: dirigimos la atención hacia una parte del campo visual y descuidamos el resto.

La motivación puede ser como la del ejemplo que acabamos de citar: el hecho de seguir el texto y no fijarnos en lo demás lo realizamos voluntariamente. Pero no siempre es así, sino que en la mayoría de los casos la selección se produce inconscientemente, de forma automática, y obedece a una lógica propia.

De hecho, la motivación actúa en ambos sentidos: tanto al orientar la atención hacia un objeto como al excluir otros. Se han hecho innumerables experimentos de los que se deduce que los objetos no percibidos guardan cierta relación asociativa con temas,

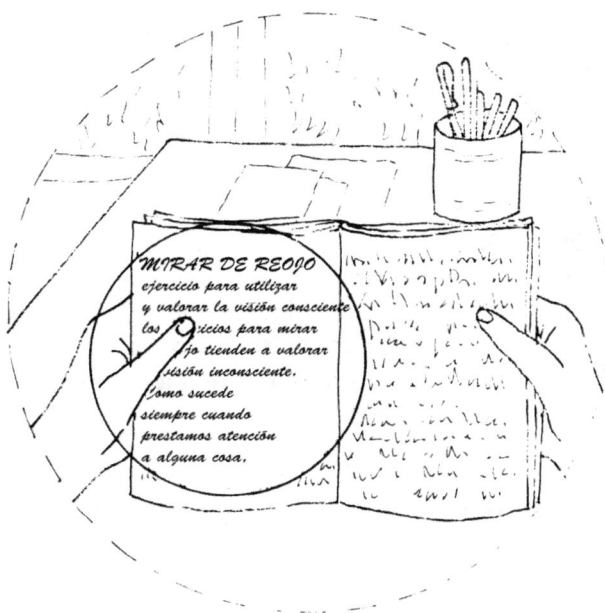

FIGURA 26

experiencias o recuerdos desagradables. En alguno de ellos, por ejemplo, se han mostrado diez figuritas con animales, frutas, objetos, etc., a varias personas y se les ha pedido que las describan, sin llegar a obtenerse ninguna descripción completa de ninguna.

Indagando en las exclusiones realizadas, se descubrió que siempre mantenían alguna relación con temas desagradables. La eliminación puede producirse directamente sobre la percepción, en la cual el detalle ha sido percibido, pero no visto; o bien sobre la memoria en donde la figura en su conjunto no puede ser recordada conscientemente. En esencia, se podría decir que elegimos no ver de la misma manera que elegimos ver. Obviamente, cuantos más temas desagradables nos afecten, mayor será el número de detalles del campo visual que escaparán a la percepción.

El esfuerzo que supone no querer ver un objeto es enorme y genera una tensión similar al esfuerzo por verlo todo.

Los ejercicios de soslayo tratan ante todo de llevar al plano de la consciencia la existencia y la entidad de esta visión inconsciente y, a continuación, utilizarla positivamente al integrar ciertas áreas de esta en la percepción consciente.

Los ejercicios

Son más sencillos y menos aparatosos que los expuestos anteriormente, por lo que un simple paseo, un viaje en tren, autobús o coche son una buena ocasión para acostumbrarnos a desarrollar e integrar nuestras percepciones marginales.

Ejercicios en el autobús, en el coche, en el tren o caminando

Mientras nos desplazamos, daremos un vistazo a la calle, cerraremos los ojos un momento y trataremos de recordar lo que hemos visto; después, volveremos a abrirlos y, si aún es posible, comprobaremos el resultado.

¿Qué había escrito en la valla publicitaria? ¿Cómo era el rótulo de aquella tienda? ¿Cuál era el número de matrícula de aquel coche? ¿Y su color? ¿Cuántas personas había en aquel grupo? ¿Cómo iban vestidas? Pueden ser algunas de las preguntas a las que podemos responder. Sin embargo, no debemos preocuparnos en absoluto si no damos la respuesta exacta. Ni siquiera importa demasiado que podamos comprobar si hemos acertado. Si nos tomamos este ejercicio como una prueba, con espíritu competitivo, como un reto con nosotros mismos, no habrá servido para nada, ya que el mero hecho de competir supone aumentar la tensión muscular y ocular, que es precisamente lo que debemos evitar.

Por tanto, hay que evitar las miradas indiferentes y mentalizarse de que no tiene ninguna importancia para nuestra vida si hemos adivinado o no una frase publicitaria. Es mejor planteárselo como un juego, un pasatiempo, ya que sólo entonces será relajante y podrá dar sus frutos.

También podemos practicarlo mientras caminamos, mirando de reojo las matrículas de los coches, los números de los portales, los paseantes que nos vamos encontrando e intentar recordar el color de sus ropas.

Bastará con mantener los ojos cerrados durante sólo unos segundos, y así no nos arriesgaremos a tropezar o a darnos algún golpe. Nuestra visión se verá obligada a desplazarse, por lo que no podremos caminar inmersos en nuestros pensamientos con los ojos fijos sobre un punto virtual a pocos metros delante de nosotros, lo que actuará también sobre la movilidad ocular. Es increíble comprobar cuánta gente camina por la calle totalmente abstraída de su situación, con la mirada fija delante suyo, el rostro estático, la expresión absorta. Probablemente, está inmersa en sus pensamientos y los ojos, desocupados, permanecen extraviados sobre la nada.

El juego del dominó

Cogeremos una pieza del dominó con los ojos cerrados, la mantendremos a cierta distancia de la cara con el brazo extendido, abriremos los ojos, le daremos un vistazo y volveremos a cerrarlos. Trataremos de recordar qué número hemos visto.

Después, comprobaremos si hemos acertado. No importa en absoluto que nos hayamos equivocado, pues podemos repetirlo todas las veces que queramos. Si resulta aburrido repetir siempre lo mismo, podemos introducir algunos cambios: cogeremos toda la caja del dominó con las piezas colocadas juntas y con los números hacia arriba.

Las contaremos lo más rápidamente posible. Miraremos de soslayo la primera. Cerraremos los ojos y diremos el número que se nos ocurra e inmediatamente comprobaremos si es cierto. Seguiremos repitiendo el proceso con las siguientes, hasta llegar a la última.

Contar rápidamente las piezas ya es, en sí, un ejercicio, puesto que nos impide fijar nuestra mirada sobre toda las piezas de la caja.

El juego de los dados

Se trata de un ejercicio muy similar al anterior. Echaremos los dados, los miraremos durante apenas una fracción de segundo, cerraremos los ojos e intentaremos adivinar la suma total. Los volveremos a abrir y daremos un vistazo a cada dado. Después, los cerraremos otra vez, tratando de recordar el número de cada uno, y comprobaremos si hemos acertado o no.

Podemos hacerlo más difícil aumentando el número de dados y reduciendo al máximo el tiempo de visión, que debe ser siempre muy reducido. Además, debemos tener en cuenta que el propósito no es adivinar los números, sino desarrollar la capacidad de recordar percepciones subliminales.

La mirada analítica

La mirada analítica es exactamente lo contrario que la mirada fija. Consiste en enfocar un pequeño detalle cada vez. Es la mejor manera de conseguir una visión nítida.

De hecho, a lo largo de las páginas anteriores hemos ido conociendo todos aquellos ejercicios que permiten convertirla en una costumbre.

Por lo que respecta a la precisión, el objetivo final es lo que el doctor Bates denomina «fijación central», es decir, la capacidad de captar poco a poco los detalles de un campo visual, construyendo en el plano mental un cuadro completo del conjunto.

Esta idea supone mantener mentalmente un centro virtual en torno al cual se coordinan todos los detalles que han sido captados sucesivamente por los ojos, los cuales se desplazan ininterrumpidamente mediante movimientos imperceptibles y recogen datos que, como las piezas de un rompecabezas, vuelven a reunirse en el plano cerebral, formando una imagen completa. Sólo nuestra mente tiene la posibilidad de ensamblar los datos y concebir el panorama en su totalidad.

Los ejercicios presentados son progresivos, pues están pensados como etapas que nos llevan hacia este objetivo. Hemos intentado conseguir la relajación ocular para aliviar la tensión. Después, hemos desarrollado el parpadeo para desbloquear la fijación. La oscilación nos ha servido para aprender a captar y soportar el movimiento y la mirada de soslayo, para ampliar y

71

hacer más rápido el movimiento, así como para acelerar la interpretación.

Ahora vamos a ver otros ejercicios pensados para habituar a los ojos a los pequeños desplazamientos. Son los más importantes, puesto que deben practicarse continuamente.

Observación de objetos

Podemos hacerla en cualquier momento. Es más, debe convertirse en nuestro modo habitual de mirar. Si estamos observando un edificio, por ejemplo, miraremos todos sus detalles. ¿Cuántos pisos tiene? ¿Y cuántas ventanas? ¿Cómo son los postigos? ¿Hay balcones? Miremos la puerta de entrada, volvamos a la azotea, sigamos por la cornisa. ¿Hay canalón? Fijémonos en las paredes y ornamentos. ¿Hay gente en las ventanas? ¿Están abiertas o cerradas? ¿Hay tragaluces? ¿Y un sótano? ¿Y portero electrónico? Los detalles son casi infinitos, lo que nos demuestra que una cosa es saber qué es una casa y otra muy distinta tener una impresión precisa de ella.

Observemos atentamente los objetos que siempre tenemos entre manos. ¿Nos hemos parado a pensar alguna vez cómo están hechos? ¿Cómo es exactamente el salpicadero del coche? ¿Cuántos pilotos luminosos hay? ¿Cómo están construidos? ¿Cómo está concebido exactamente el cambio de marchas? ¿Y el volante?

Este ejercicio resulta de gran utilidad cuando entramos en un lugar nuevo para nosotros; pero no seamos meticulosos en exceso. Aplicaremos las hipótesis que hemos aprendido y echaremos una mirada de soslayo, captando cuánta gente hay; si vemos mesas, sillas, muebles, ¿cuántos hay, dónde están colocados y cómo están hechos?

¿Sabríamos describir exactamente la tienda en la que compramos cada día el pan? ¿O el sitio donde trabajamos? ¿O la escuela en la que estudiamos?

Observación de una persona

Podemos hacer lo mismo con las personas, aun con las más cercanas —incluso es mejor si lo son—. Cuando las miremos, no nos sumerjamos en la conversación y olvidemos todo lo demás, sino que será muy interesante observar los detalles, siguiendo el contorno de la boca, la forma de la nariz, de los ojos, el dibujo de las cejas, la raíz de los cabellos o las orejas de nuestro interlocutor.

La expresión de un rostro cambia continuamente y, con ella, la forma de cada rasgo de la cara. Tratemos de reconstruir mentalmente el rostro de la persona que nos resulte más familiar. ¿Lo logramos? ¿Tenemos una imagen nítida y precisa, como si lo tuviéramos delante, en carne y hueso?

Hagamos lo mismo con el cuerpo: observemos el cuello, los hombros, los brazos, o las manos, por ejemplo. Podemos recabar más información sobre las personas que nos interesan observándolas con esmero que asediándolas con preguntas. Y no olvidemos que no debemos detenernos nunca en un detalle.

De todos modos, no podemos olvidar que no hay nada más fastidioso para una persona que sentir cómo le ponen los ojos encima y la escrutan. Si movemos los ojos continuamente no se sentirá incómoda, e incluso nuestra expresión será más relajada y menos inquietante.

El dibujo

El dibujo puede sernos de gran ayuda cuando deseemos conseguir una mirada analítica.

Cojamos un objeto sencillo que nos sea familiar y copiémoslo tratando de ser lo más fieles que nos sea posible, reproduciendo hasta el detalle más ínfimo. No hay que excusarse a las primeras de cambio diciendo que no sabemos dibujar, puesto que no es cierto en absoluto. No se trata de ganar un concurso o de obtener la mejor nota; tan sólo es un ejercicio para uso personal. El hecho de tener que reproducir exactamente un objeto nos obliga a observarlo con esmero. Podemos creer haberlo visto perfectamente mil veces pero, con el lápiz en la mano, descubrimos que no podemos salir adelante porque no sabemos cómo está hecho. No es una cuestión de habilidad, sino de observación.

Precisamente, de esta manera nos daremos cuenta de que no hemos reflexionado nunca sobre cómo se relacionan las distintas partes de un objeto ni cómo están concebidos los detalles. ¿Sabemos acaso cómo está hecho un abrelatas?

A medida que vayamos practicando, lograremos observar todos los detalles de un objeto con una precisión mucho mayor que antes, a la par que notaremos cómo mejora rápidamente nuestra capacidad gráfica, lo cual es siempre motivo de satisfacción.

Cuando hayamos comprendido lo que supone realizar este ejercicio, podremos desarrollar nuestras dotes de observación al máximo. De hecho, no siempre se tiene papel y lápiz a mano ni tampoco el tiempo necesario, pero sí que podemos mirar a nuestro alrededor como si deseáramos dibujarlo.

El ejercicio del calendario

Resulta especialmente útil para quien padece trastornos visuales. Si se practica de manera asidua, se obtienen resultados realmente sorprendentes. Debemos hacernos con un calendario que reproduzca el mes con las fechas en grandes caracteres, y los restantes en otros más pequeños, situados generalmente en la parte inferior.

Se aconseja el uso de un calendario con esta disposición puesto que:
• es importante que los signos nos resulten muy familiares —y las cifras, de hecho, lo son—;
• es preciso que aparezcan dos o más caracteres de tamaño distinto (fig. 27).

74

ENERO 1985

Lunes		7	14	21	28	
Martes	1	8	15	22	29	
Miércoles	2	9	16	23	30	
Jueves	3	10	17	24	31	
Viernes	4	11	18	25		
Sábado	5	12	19	26		
Domingo	6	13	20	27		

FEBRERO 1985

Lunes		4	11	18	25	
Martes		5	12	19	26	
Miércoles		6	13	20	27	
Jueves		7	14	21	28	
Viernes	1	8	15	22		
Sábado	2	9	16	23		
Domingo	3	10	17	24		

MARZO 1985

Lunes		4	11	18	25	
Martes		5	12	19	26	
Miércoles		6	13	20	27	
Jueves		7	14	21	28	
Viernes	1	8	15	22	29	
Sábado	2	9	16	23	30	
Domingo	3	10	17	24	31	

FIGURA 27

El ejercicio consta de tres fases distintas. Colgaremos el calendario en la pared. Debemos procurar que esté bien iluminado.

Nos colocaremos a la distancia justa para poder leer con facilidad las cifras grandes.

75

Primera fase

Después de haber descansado un poco, giraremos la cabeza hacia la izquierda, en dirección al hombro. Caminaremos hacia atrás hasta que nuestros ojos encuentren el número 1 grande. Los cerraremos. Giraremos la cabeza hacia la derecha. Los volveremos a abrir y giraremos la cabeza de nuevo hasta encontrar otra vez el mismo número. Cerraremos los ojos otra vez más y giraremos lentamente la cabeza hacia la izquierda. Abriremos los ojos y buscaremos el número 2 grande. Cerraremos los ojos. Giraremos la cabeza hacia la derecha. Abriremos de nuevo los ojos y volveremos a mirar la misma cifra, y así sucesivamente. Cuando busquemos el número, seguiremos el espacio en blanco que queda entre las columnas. Es muy importante que no nos olvidemos de respirar, pues es muy fácil que durante este ejercicio contengamos el aliento, de manera que es bueno acentuar voluntariamente la respiración para evitarlo.

Segunda fase

Dirigiremos la mirada hacia el número 1 grande. Cerraremos los ojos, los volveremos a abrir y buscaremos el número 1 pequeño del primer mes que aparece a la izquierda. Cerraremos los ojos. Los volveremos a abrir y buscaremos el número 1 pequeño del segundo mes que aparece en la parte inferior. Cerraremos los ojos. Volveremos a abrirlos, miraremos el número 1 grande, los cerraremos, los volveremos a abrir y buscaremos el 1 pequeño del tercer mes que aparece en la parte inferior. Cerraremos los ojos y seguiremos así con todos los meses que aparezcan y para todas las cifras.

Seguiremos desplazando la mirada del número grande al número pequeño. Si este ejercicio nos resulta muy fatigoso, podemos parar y taparnos los ojos con las manos durante un rato.

Tercera fase

Pasemos a la tercera fase, con la que pretendemos habituarnos a movimientos más pequeños.

Cerraremos los ojos y descansaremos un poco. Los abriremos de nuevo y dirigiremos la mirada hacia el 1 grande, fijándonos bien: llevaremos rítmicamente la mirada de la parte superior de la cifra a la inferior, después de derecha a izquierda, después en diagonal, de una esquina a la otra, y en ambos sentidos, no mirando únicamente la mancha negra, sino también el blanco o el color de fondo del calendario.

Oscilaremos la mirada de arriba a abajo, a derecha e izquierda y en diagonal, unas tres veces, y después cerraremos los ojos. Reproduciremos mentalmente el número. Volveremos a abrirlos. Dirigiremos la mirada hacia el 2 grande. Y repetiremos la operación.

Tras haber observado de este modo algunas cifras grandes, pasaremos a las pequeñas y haremos exactamente lo mismo, dirigiendo nuestra mirada hacia cada uno de los números del calendario.

No importa que no lo veamos bien. Podemos acercarnos un poco si no vemos nada de nada, pero no hay que olvidar que no es fundamental ver nítidamente los caracteres pequeños, sino aprender a oscilar y realizar estos desplazamientos apenas perceptibles.

Veremos cómo, a medida que repetimos el ejercicio, nuestra visión mejora y podemos leer incluso las cifras que antes a duras penas podíamos distinguir. No nos olvidemos nunca de respirar ni de cubrirnos los ojos con las manos cuando nos sintamos cansados.

La imaginación y su uso
con fines terapéuticos

Por imaginación se entiende la capacidad de representar mentalmente diversas escenas, sucesos o situaciones con los ojos abiertos, así como la capacidad de reproducir a ciegas las imágenes deseadas con la nitidez de una visión real. Puede ser una ayuda muy valiosa para curar los trastornos oculares, pero también puede ser perjudicial. Todo depende de cómo se utilice.

De hecho, podemos representarnos cualquier cosa teniendo los ojos abiertos o cerrados. Y en ello radica la diferencia en lo que atañe al funcionamiento ocular.

Cuando nos imaginamos algo mientras estamos haciendo otra cosa, nuestra mente puede concentrarse en sí misma y mantenerse ajena a los estímulos externos, absorta en su propia contemplación. Dicho de otra manera, está siguiendo la escena interior, la película privada que se está proyectando. Si mientras tanto, estamos haciendo cualquier cosa y mantenemos los ojos abiertos, los gestos tenderán a hacerse maquinales y nuestra mirada permanecerá fija en el vacío, ya que toda la atención se concentra en el proceso visual interno y no en el externo. Se produce así una ruptura total entre la actividad interna mental y afectiva y la actividad externa muscular y sensorial. Estamos viviendo al mismo tiempo dos vidas distintas.

Es muy frecuente observar por la calle a personas que caminan ensimismadas con la mirada fija y que, de repente les cambia la expresión, sonríen, sueltan una carcajada, los labios se mueven sin emitir una sola palabra, o la mirada se le ensombrece y endurece y aprieta los puños, y todo ello sin conexión alguna con lo que ocurre a su alrededor.

No se trata de un caso raro o patológico, sino que es lo que hace mucha gente cuando va a trabajar.

Este tipo de imaginación perjudica a los ojos porque estos, al no poder seguir las imágenes mentales ni las externas, se fijan en una espera ausente e inmóvil. Mejor sería cerrarlos.

De todos modos, podemos solucionar este problema: bastaría con que, cuando decidiésemos dejarnos llevar por nuestras elucubraciones, cerrásemos los ojos y siguiésemos nuestra imaginación interior. Antes bien, puede ser de utilidad si, mientras nos representamos una escena, nos fijamos en sus detalles y seguimos los objetos en movimiento.

Los ejercicios

Los ejercicios que proponemos a continuación aprovechan al máximo la capacidad de la visión interna para reproducir imágenes a nuestro antojo y modificarlas, lo que no siempre es posible en la realidad o, cuanto menos, es más difícil. Con un poco de práctica obtendremos imágenes perfectamente nítidas y precisas como si fueran objetos reales, e incluso más, dado que podemos utilizar ciertos trucos para conseguirlo. Veamos de qué se trata.

El ejercicio del círculo

Nos sentaremos en un sofá cómodo. Cerraremos los ojos, descansaremos un poco y respiraremos profundamente durante unos instantes. Ahora nos imaginaremos que estamos ante una pantalla blanca de gran tamaño. Con un rotulador negro trazaremos un círculo. Lo contemplamos. Imaginaremos que su interior se aclara todavía más, adquiriendo un matiz muy vivo, casi luminoso. Concentraremos después nuestra atención en la circunferencia, viendo cómo se vuelve aún más negra y resalta mucho más. Observemos ahora el fondo blanco e imaginemos que también acentúa su luminosidad. Seguiremos así durante unos minutos, continuando con el juego de contrastes entre las formas blancas y las negras a lo largo de toda la circunferencia, hasta que tengamos una imagen excepcionalmente nítida. Ahora dirigiremos nuestra atención a la izquierda para pasar inmediatamente a la derecha, repitiéndolo, de manera que nuestra mirada oscile rítmicamente. Al poco tiempo, nos daremos cuenta de cómo el círculo parece que se mueva a la izquierda y a la derecha (fig. 28).

Concluiremos el ejercicio cubriendo nuestros ojos con las manos durante unos instantes.

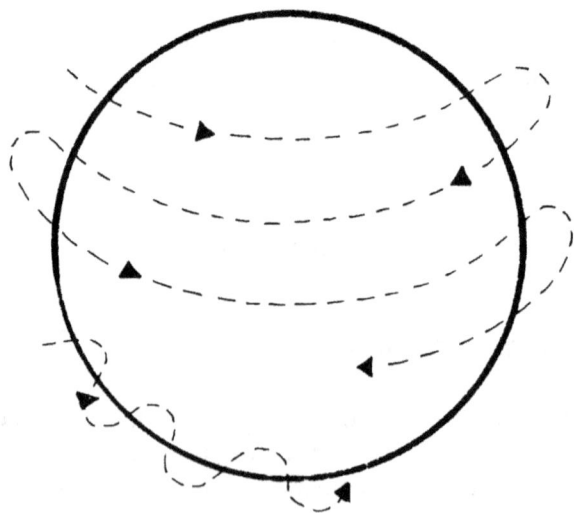

FIGURA 28

El ejercicio de los tres círculos

También este ejercicio combina los beneficios de una acentuación de la nitidez producida con la imaginación con los de los ejercicios de oscilación y desplazamiento presentados en capítulos anteriores. De hecho, se practica de una manera muy parecida, aunque sólo se realiza mentalmente.

Nos sentaremos cómodamente, cerraremos los ojos y respiraremos. Imaginaremos una pantalla blanca y trazaremos encima dos círculos de igual tamaño, situados a 10 o 15 centímetros el uno del otro, y debajo, en el centro, un tercero más grande.

Ahora, sobre este último, imaginaremos que los colores van acentuándose hasta que la figura resalte lo más posible.

A continuación, desplazaremos los ojos rítmicamente del círculo superior de la izquierda al de la derecha, y vuelta a empezar. Seguiremos así durante unos minutos (fig. 29).

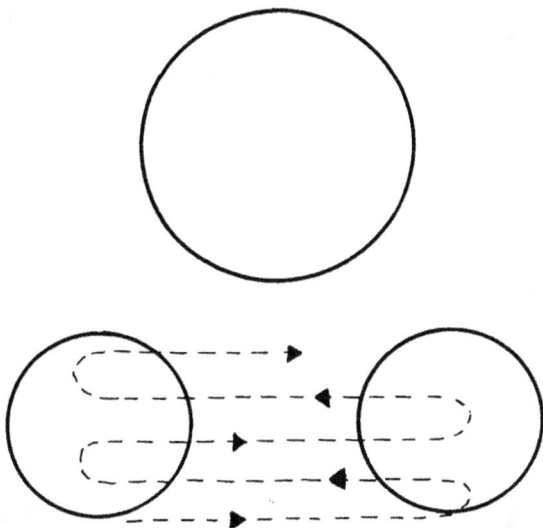

FIGURA 29

Podemos repetir estos ejercicios imaginando que usamos rotuladores de distinto grosor, cada vez más delgados, pero sólo mientras podamos apreciar mentalmente el contraste entre el blanco y el negro para lograr una imagen muy viva. Hay que evitar pensar en círculos borrosos o en contornos poco definidos.

El ejercicio de los signos de puntuación

Empezaremos sentados y relajados, respirando profundamente.

Imaginemos que estamos dibujando sobre la pantalla blanca un signo de dos puntos gigantesco. Junto a él, otro, del mismo tamaño también, pero esta vez de punto y coma. Ahora los observaremos detenidamente, uno a uno, tratando de imaginarnos los colores de la manera más intensa posible. Cuando aparezcan muy claros, dirigiremos la atención hacia el punto superior del prime-

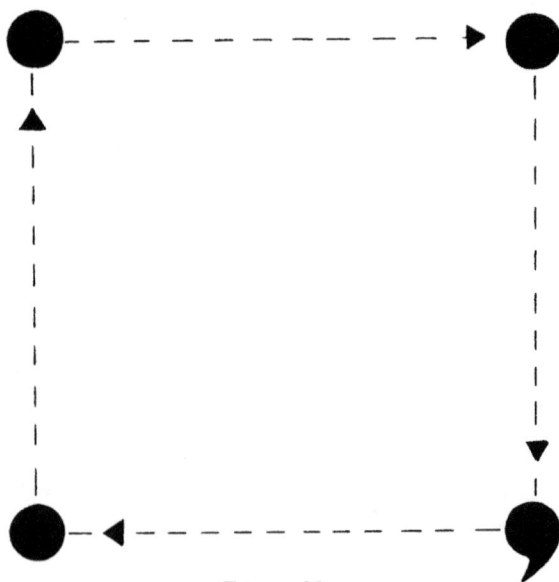

FIGURA 30

82

ro, es decir, arriba a la izquierda. Después la desplazaremos hacia el punto superior del punto y coma, arriba a la derecha. Pasaremos entonces a la coma, abajo, a la derecha, y al punto inferior de los dos puntos, abajo a la izquierda. Y repetiremos el ejercicio, recorriendo el cuadrado formado por los cuatro signos en el sentido de las agujas del reloj (fig. 30). No nos olvidemos de respirar. Tras algunas vueltas, pararemos.

Observaremos de nuevo los signos uno a uno y volveremos a realizar la vuelta en la dirección contraria. Apreciaremos que el cuadrado entero parece desplazarse a la derecha y a la izquierda, subiendo y bajando, en la dirección opuesta a la que lo estamos recorriendo.

El ejercicio del anillo

El siguiente ejercicio, concebido por el doctor Arnau, ha resultado extremadamente eficaz para casos de miopía, en tanto que acostumbra el ojo a los procesos de adaptación de forma más específica.

Imaginaremos que tomamos entre los dedos un anillo de goma de colores lo bastante rígido como para mantener por sí mismo su forma circular, pero lo bastante elástico como para deformarse con la mínima presión.

Seguiremos toda la circunferencia del anillo tanto por dentro como por fuera de su contorno, como ya hemos aprendido en los ejercicios anteriores. Tiene un color muy brillante que destaca mucho sobre el fondo. Pensemos ahora que lo apretamos con una mano, cogiéndolo entre el pulgar y el índice, de manera que el anillo adopte una forma ovalada y alargada horizontalmente.

Dejamos de hacer presión y seguimos la forma del círculo mientras recupera su posición inicial.

A continuación imaginaremos que lo comprimimos entre el pulgar y el índice, de modo que adopte una forma ovalada y alargada verticalmente (figs. 31, 32 y 33). Al cabo de unos minutos,

FIGURA 31

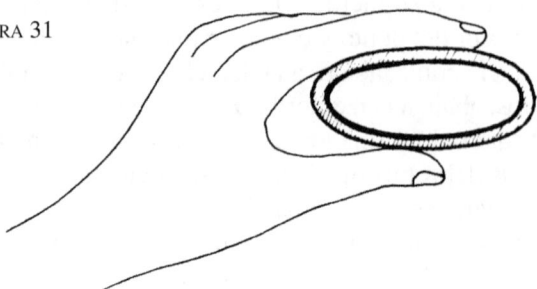

FIGURA 32

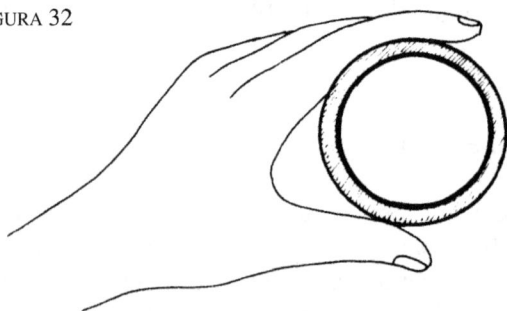

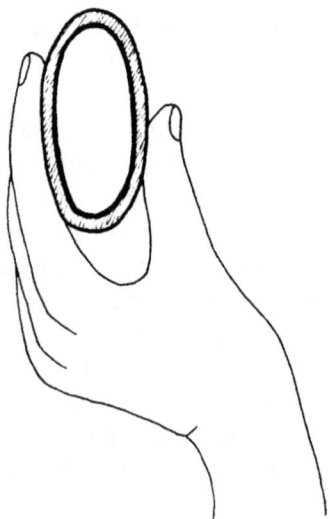

FIGURA 33

cuando lo tengamos perfectamente representado, lo soltaremos y nos fijaremos en cómo recupera su forma. Lo aplastaremos por arriba y por abajo, siguiéndolo mientras vuelve a su posición inicial; lo deformaremos lateralmente, siguiéndolo mientras se distiende, y así quince veces, rítmicamente. A continuación, respiraremos profundamente y nos cubriremos los ojos con las manos.

No es casual que este ejercicio haya sido de tanta utilidad tanto para la miopía como para la hipermetropía. Si lo pensamos un momento, se obliga al círculo a deformarse, igual que hacemos cuando forzamos la mirada. Pero también le estamos permitiendo que recupere la normal. Por ello es tan importante seguir el movimiento del anillo mientras recobra su forma circular, ya que es esto lo que debe aprender a hacer nuestro ojo. Si pensamos en la tensión del círculo cuando es aplastado, comprenderemos cuánto sufren nuestros ojos en circunstancias similares.

El ejercicio del círculo, de la cruz y del ocho

El ejercicio que ahora presentamos exige también movimientos con la cabeza que contribuyen a relajar la tensión de la musculatura del cuello y de la nuca. Veremos a continuación la importancia de aliviar las contracciones musculares de esta zona para poder ver bien. Aquí se combinan los beneficios de la relajación ocular, de la imaginación, de la oscilación, del desplazamiento y de la relajación muscular.

Se trata de «dibujar con la nariz».

Nos sentaremos cómodamente. Cerraremos los ojos. Respiraremos. Imaginaremos que tenemos un lápiz firmemente atado a la punta de la nariz y una gran pantalla blanca ante nosotros, colocada a la distancia adecuada.

Ahora dibujaremos un gran círculo de la manera más perfecta posible. Imaginaremos que el trazo es de un color brillante que resalta.

Probablemente, la primera vez no lo conseguiremos. Si no estamos acostumbrados a una buena coordinación de la cabeza y del cuello, no conseguiremos nada aceptable.

Seguiremos intentándolo hasta obtener un resultado satisfactorio. Basta con un poco de paciencia.

Observaremos el círculo hasta que resalte nítidamente. Podemos repasarlo varias veces para que sea más visible.

Imaginaremos que trazamos una línea vertical que atraviesa el círculo pasando por el centro. Después, una línea horizontal que corte a la otra por el centro también. Ahora, las dos diagonales que se cruzan también en el centro (fig. 34). Es fácil que la primera vez no logremos que se crucen las líneas perfectamente.

Con un poco de práctica lo conseguiremos sin apenas esfuerzo.

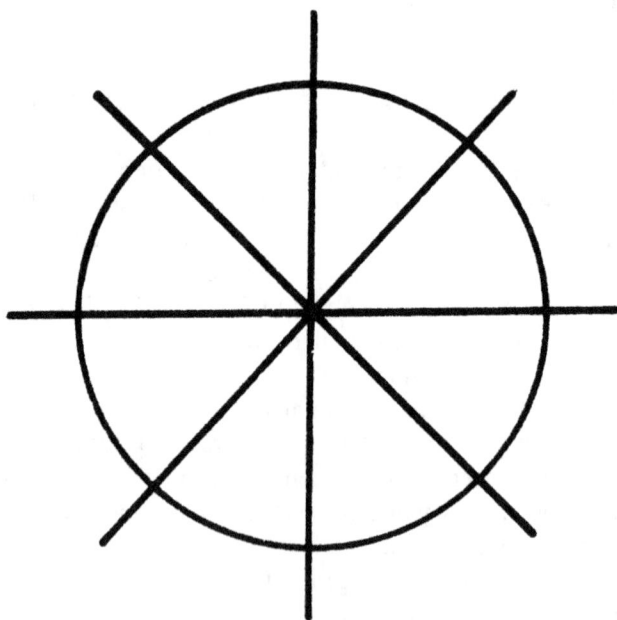

Figura 34

Ahora borraremos la imagen y dibujaremos un ocho tumbado, moviendo oportunamente la cabeza de un hombro al otro (figura 35).

Volveremos a borrar y trataremos de escribir algo. Intentémoslo con nuestro propio nombre. No será fácil al principio, pero vale la pena insistir. Los más hábiles pueden tratar de dibujar una serie de círculos concéntricos, girando primero en una dirección y después en la otra.

Repetiremos estos ejercicios hasta obtener un resultado que nos satisfaga.

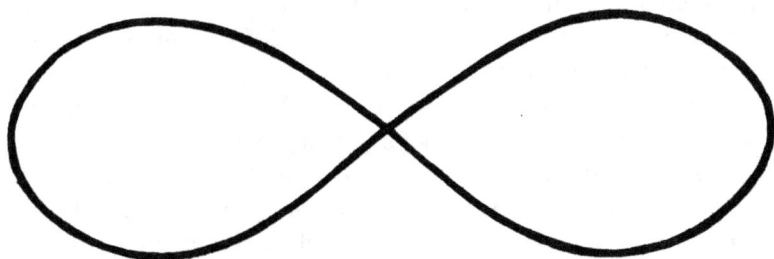

FIGURA 35

Ejercitar la memoria para favorecer la relajación y mejorar la vista

La memoria, como vimos en el primer capítulo, tiene gran importancia en el proceso visual. Lo percibido en un momento dado se relaciona mentalmente con los recuerdos para darle así un sentido que pueda incorporarse correctamente. De hecho, aquello que conocemos se aprecia mejor y más rápidamente.

Esta familiaridad con los objetos cotidianos nos resulta de gran ayuda tanto para ver mejor como para disminuir el esfuerzo mental y ocular y, en consecuencia, trabajar en un estado de mayor relajación.

Hemos presentado anteriormente ejercicios que, aunque estaban pensados con otras intenciones, también permitían conocer mejor lo que nos rodea. Los que ahora proponemos son un poco más específicos, por referirse a los números y a los caracteres impresos.

Todos nosotros, aunque no desarrollemos una actividad de tipo intelectual, pasamos buena parte de nuestro tiempo en contacto con cifras y letras impresas. Y, aun así, es sorprendente lo poco que las conocemos.

Podemos comprobarlo por nosotros mismos.

Cerremos los ojos y el libro, cojamos una hoja de papel y un lápiz y tratemos de escribir la última frase en caracteres impresos. Después, comparémosla con el original. Notaremos enseguida muchas imperfecciones. Y es que, por muy familiares que sean, no nos dedicamos a ellos de forma específica tal vez desde la escuela primaria. También en otro sentido, la memoria puede sernos de gran ayuda a la hora de mejorar nuestra capacidad visual. De hecho, es imposible recordar sin relajarnos. Cuando queremos evocar mentalmente algún detalle, la técnica más eficaz es dejarse ir y esperar que el recuerdo aflore por sí mismo. En más de una ocasión nos habremos sentido incapaces de recordar un nombre, de tenerlo en la punta de la lengua y no conseguir decirlo. Si nos empeñamos en conseguirlo, se nos escapará definitivamente. Lo mejor es tranquilizarse. Tal vez sea entonces cuando aparezca en la mente por sí solo.

De un modo u otro, casi instintivamente, todos sabemos que es así: tal vez no nos damos cuenta, pero una parte de nosotros siempre ha vivido el recuerdo y la relajación mental como experiencias parejas.

En este sentido, la memoria es utilizable para los ejercicios oculares como una herramienta de distensión muy eficaz.

Combinando el recuerdo con una oportuna técnica de observación mental del objeto recordado, obtendremos el máximo beneficio.

Hemos visto que los ojos están relacionados con la mente. Ver, saber y recordar, forman parte de un único proceso que puede resumirse en llevar a la luz lo desconocido, en disipar las tinieblas.

No ver, o no querer ver es lo que motiva los trastornos visuales, y a menudo está relacionado con nuestro deseo de no querer recordar.

Hemos señalado este hecho al hablar de la «visión inconsciente» a propósito de los ejercicios de soslayo. Muchos objetos actuales no son vistos porque, inconscientemente, no lo deseamos. Esto es así porque están asociados a experiencias desagradables anteriores. Por lo tanto, esa obstinación por olvidar esas experiencias actúa ahora en el presente e influye sobre nuestra capacidad ocular. Cuanto más aceptemos la consciencia esas partes de nuestra vida, más aceptaremos aquellos objetos que se sitúan en nuestro campo visual.

Pasemos ahora sin más demora a los ejercicios.

Recordar el pasado

Nos sentaremos cómodamente en un sofá, cerraremos los ojos y respiraremos a fondo e intentaremos recordar alguna anécdota de nuestro pasado. Trataremos de seguir la imagen que aflora, observando los detalles, el ambiente, la cara de las personas, sus cuerpos, el movimiento.

Si desaparece o se detiene, lo dejaremos correr. Podemos preguntarnos por qué ha ocurrido esto, por qué se ha interrumpido precisamente en ese punto.

Recordar el presente

Nos sentaremos cómodamente y respiraremos.

Miraremos alrededor. Daremos un vistazo en todas direcciones. Después, cerraremos los ojos. Respiraremos profundamente y trataremos de recordar todos los detalles de nuestro entorno. Hay que hacerlo con paciencia, no debemos apresurarnos en ir ensamblando las piezas que nos faltan. A continuación, abriremos los ojos y comprobaremos. ¿Qué es lo que no hemos podido imaginar?

Volveremos a cerrar los ojos y volveremos a probar. Seguiremos así hasta que obtengamos una imagen mental completa de todos los detalles de la realidad circundante. Es muy útil que lo hagamos en nuestro hogar, puesto que esto añadirá a los beneficios del ejercicio en sí la ventaja de una visión cada vez más clara y menos fatigosa para nuestros ojos.

Recordar las letras

Observemos atentamente una letra. Es aconsejable que lo hagamos con caracteres de imprenta en minúsculas, puesto que son los que se recuerdan con menor precisión. La miraremos con esmero en todas sus partes, desplazando rápidamente la mirada de un punto a otro. A continuación, cerraremos los ojos, respiraremos y trataremos de recordarla lo mejor posible. Volveremos a abrirlos y comprobaremos.

Lo haremos con todo el alfabeto hasta que nos hayamos familiarizado totalmente. Usaremos caracteres impresos distintos, pues normalmente caen bajo nuestra mirada muchos caracteres diferentes. Si los conocemos perfectamente, leeremos mejor.

Por ejemplo, si recurrimos a un periódico, a un diccionario, a un texto mecanografiado y a un libro técnico impreso en papel patinado, veremos que los tipos de letra son muy diferentes.

A continuación, repetiremos el ejercicio concentrándonos esta vez en el blanco. En la práctica anterior hemos observado los trazos en negro, ahora haremos lo contrario. Cuando cerremos los ojos para recordar, podemos utilizar la imaginación para resaltar aún más el contraste, haciendo el blanco mucho más luminoso de lo que es en realidad. Volveremos a la imagen real: veremos cómo esta parece ahora más nítida y más contrastada. Además, el ejercicio de observar el blanco resulta muy relajante para los ojos.

Recordar los números

Haremos lo mismo con los números. Los observaremos con detenimiento, cerraremos los ojos, respiraremos y trataremos de recordarlos exactamente. Usaremos también en este caso tanto la observación del cuerpo como la del fondo, y la repetiremos con caracteres de imprenta distintos. ¿Cómo son los caracteres de los surtidores de las gasolineras, por ejemplo?

Comprobación final

A lo largo de las páginas anteriores, hemos ido presentando diversos ejercicios que debían ir corrigiendo gradualmente nuestros malos hábitos oculares. El que describiremos a continuación nos servirá para comprobar los progresos que hemos hecho. Podemos recurrir a él durante la práctica de los otros, a modo de test, y de esta manera saber si vamos mejorando.

Hemos comentado anteriormente que toda la teoría del doctor Bates se basa en la importancia de la movilidad ocular. El método propuesto intenta devolverla a quien la ha perdido para alcanzar la fijación central. Los movimientos oculares muy rápidos y continuos nos harán enfocar los detalles concretos que se recompondrán en nuestro cerebro, formando una imagen global nítida.

En consecuencia, si los ojos funcionan como debieran, cada detalle enfocado en cada ocasión resultará muy distinto y claro en comparación con el resto.

A medida que vayamos apreciando esta diferencia nos daremos cuenta de nuestra mejoría.

El ejercicio

Colocaremos nuestros dedos índices a medio metro, más o menos, frente a nosotros, y separados unos treinta centímetros (figura 36).

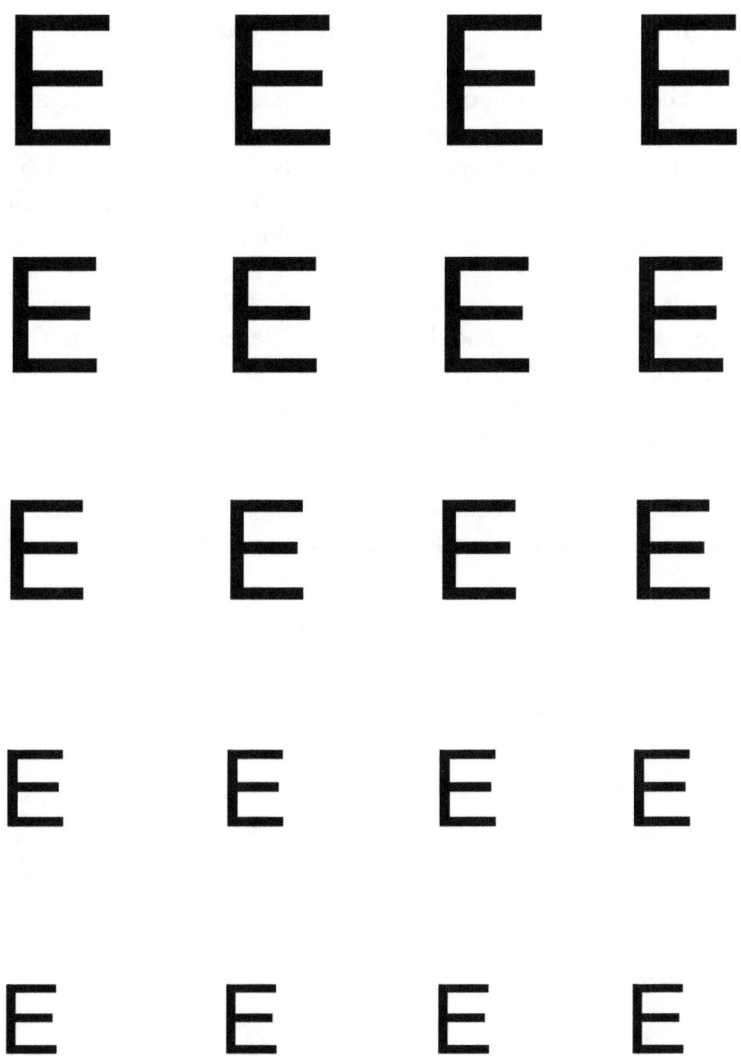

E E E E

E E E E

E E E E

E E E E

E E E E

FIGURA 36

Miraremos el izquierdo y el derecho y apreciaremos el cambio de nitidez.

Ahora empezaremos a acercarlos poco a poco, sin dejar de desplazar la mirada de uno a otro, hasta que entren en contacto.

Cuando estén en contacto, si los ojos funcionan como debieran, el dedo sobre el que dirigimos la mirada debe verse mejor que el otro. Ahora lo intentaremos con un objeto más pequeño: la E mayúscula de los caracteres impresos. Dirigiremos la atención hacia la línea superior para ver si es más nítida que las otras. Miraremos inmediatamente la inferior, y después la central. Cada vez que desplazamos la mirada sobre una línea horizontal, esta debe perfilarse sobre el fondo y destacar más que las otras.

Podemos continuar intentándolo con caracteres aún más pequeños.

Cuanto más perfecta sea nuestra visión, mayores diferencias apreciaremos en los detalles enfocados sucesivamente, incluso a una distancia mínima.

CONSEJOS PRÁCTICOS
Y REMEDIOS NATURALES

Cómo leer

No es cierto que la lectura perjudique la vista, sino más bien todo lo contrario. Puede incluso utilizarse como ejercicio para mejorarla, si bien hay que tener en cuenta ciertas peculiaridades.

1. Ante todo, conviene estar en un lugar bien iluminado. A falta de luz natural, o si esta es insuficiente, utilizaremos una bombilla de 150 W.

2. Es necesaria una buena respiración. Antes de empezar nos relajaremos inspirando y espirando profundamente, procurando después no perder el ritmo ni desconcentrarnos.

3. Los ojos deben estar bien limpios y humedecidos. Parpadearemos varias veces al empezar y acabar cada página, y procuraremos no fijar la vista durante demasiado tiempo.

4. Sobre todo debe procurarse que la mirada se desplace continuamente. Un recurso muy sencillo consiste en deslizarla a lo largo del espacio en blanco que hay debajo de la línea que estamos leyendo. Al principio puede resultar extraño, pero es sólo otra manera de leer mucho más relajante. Esta técnica nos obliga a efectuar continuas oscilaciones oculares para captar las palabras impresas, así como para seguir el blanco inte-

rrumpido por los caracteres, lo cual resulta más relajante para los ojos que seguir todo el rato el negro.

5. Por último, es preciso que la sangre llegue perfectamente a los tejidos oculares. Para ello debemos prestar atención al estado de los músculos que los rodean, masajeándolos suavemente si están demasiado tensos. Durante la lectura debemos abrir los párpados lo justo, sin entrecerrarlos, ya que por muy cómodo que pueda resultarnos, a la larga puede tener graves consecuencias.

De vez en cuando, nos fijaremos también en el cuello y los hombros. Si tenemos tendencia a padecer rigidez —algo muy frecuente en aquellas personas que sufren problemas oculares— haremos unas rotaciones con la cabeza.

6. Es importante que toda la operación se realice en un estado de relajación general y no nos suponga esfuerzo o tensión.

Antes de empezar y al acabar, nos cubriremos los ojos con las palmas de las manos. Mientras pasamos la página, aprovecharemos para cerrarlos y descansar.

De vez en cuando, comprobaremos nuestro estado general; si nos notamos tensos y bajo presión, pararemos y repetiremos el ejercicio durante unos minutos.

Estos son consejos generales, adecuados para todo el mundo. Se trata de un método sano de leer que mantendrá nuestros ojos en perfectas condiciones.

Veamos ahora unos ejercicios específicos para quien padezca problemas oculares. Siguiendo estas indicaciones la propia lectura nos servirá de terapia.

A menudo, quien padece trastornos oculares suele intentar verlo todo lo más rápidamente posible, captando todos los detalles a la vez. En el caso de la lectura, tratará de abarcar una línea entera o más de una, sin pararse nunca, exponiéndose a sufrir rigidez en el cuello, los hombros, los párpados y la frente, así como reducir y suspender la respiración.

Los ejercicios que se dan a continuación intentan acabar con esta costumbre. Al principio, a pesar de su sencillez, resultarán exasperantes, insoportables e incluso parecerán una pérdida continua e intolerable de tiempo. Pero debemos aprender a concedernos un respiro y hacer las cosas más relajadamente, y nuestra vista se verá favorecida. Es preciso usar los medios justos para conseguir nuestro objetivo; la tensión y el esfuerzo en la lectura son medios tan inadecuados que, a la larga, nos impedirán precisamente aquello que queríamos: ni siquiera lograremos leer más, puesto que serán nuestros propios ojos los que nos lo impedirán.

Los ejercicios

1. Al acabar cada párrafo, cerraremos los ojos durante unos instantes. Imaginaremos mentalmente la última palabra que hemos leído. Trataremos de hacer más intensos el blanco y el negro. Cuando volvamos a abrir los ojos, todo nos resultará más nítido.

2. Al acabar cada página, nos taparemos los ojos con las manos, procurando dejar un pequeño espacio entre los dos. Con unos minutos bastará.

3. Cada dos páginas, y después de haber realizado el ejercicio anterior, expondremos los ojos cerrados a la luz. Después, los abriremos lentamente sin mirar hacia otro lado. Los volveremos a cerrar, los taparemos con las palmas y esperaremos hasta que las manchas de colores se hayan disipado del todo.

4. De vez en cuando, levantaremos los ojos del libro y miraremos por la ventana. Nos fijaremos en un objeto lejano y lo observaremos detenidamente. Si nos resulta imposible mirar fuera de la

ventana, colocaremos un objeto familiar lo más lejos posible de nosotros y lo contemplaremos. Lo mejor sería el calendario con el que hemos hecho los ejercicios anteriores, pero puede bastar también un picaporte del que conocemos los más mínimos detalles.

5. Al llegar a la mitad de la página, cerraremos los ojos, nos imaginaremos la palabra que se encontraba en el centro de la última línea con la mayor nitidez posible. Imaginaremos que la reescribimos nosotros, con los mismos caracteres, con un rotulador pegado a la punta de la nariz sobre una gran pantalla blanca.

6. Cogeremos una cartulina negra del tamaño de la mitad de la página que tratamos de leer. Le haremos una rendija de poco más de la línea impresa de largo y de poco más de dos líneas de alto. La colocaremos encima del texto, manteniendo el margen inferior de la rendija a unos 3 mm por debajo de lo que queremos leer. Seguiremos con los ojos el espacio blanco inferior, captando al vuelo las palabras impresas y seguiremos leyendo a medida que desplazamos poco a poco la plantilla. Este ejercicio es muy útil para quien tiene dificultades de lectura.

7. Haremos otra plantilla negra, idéntica a la anterior, pero en esta ocasión con una rendija de un centímetro y medio de largo. Esta incisión nos permitirá leer poco más de una palabra cada vez. Nos parecerá exasperante, pero es el ejercicio más útil para quien tiene problemas visuales. Con ella podremos ver únicamente lo que puede ser captado por la mácula lútea, y el rápido movimiento en una área tan restringida nos obligará a enfocarlo todo sobre la fóvea. Es precisamente por esto por lo que debemos practicar este ejercicio.

Si nos resulta demasiado fatigoso, repetiremos el anterior con frecuencia.

De todos modos, no debemos olvidar que la lectura, practicada de este modo, forma parte de una terapia, no un pasatiempo.

Cómo ir al cine

Si se hace de manera equivocada, ver una película en el cine puede suponer un esfuerzo considerable para nuestros ojos, y en especial para quienes no ven bien y se cansan fácilmente. Sin embargo, puede ser también un buen ejercicio. Pero ante todo, y como de costumbre, hay que tener en cuenta unas reglas generales válidas para todos:

1. Nunca hay que tratar de ver toda la pantalla a la vez, sino que iremos saltando de un detalle a otro. Bajo ningún concepto debemos mirar fijamente la pantalla, por mucho que nos guste lo que estamos viendo.

2. Debemos respirar regularmente, ya que a menudo los espectadores suelen contener el aliento ante determinadas escenas, en las que la tensión aumenta —pensemos, por ejemplo en las películas de suspense, de terror o de acción—. Si tenemos problemas de visión, recordemos que esto es aún más perjudicial para nosotros.

3. Debe parpadearse continuamente. Como ocurría en el caso anterior, en las escenas más sorprendentes y en los primeros planos, la mayoría de los espectadores mira fijamente para no perder detalle.

4. De vez en cuando, cerraremos los ojos durante unos minutos para descansar. Podemos aprovechar las escenas menos apasionantes.

5. Desplazaremos la mirada de la pantalla a la platea, echando rápidas ojeadas a nuestros vecinos. El contraste entre luz y oscuridad es muy relajante para los ojos.

Ahora, proponemos unos ejercicios para quien padezca trastornos oculares.

1. En caso de miopía, cuando vayamos al cine debemos encontrar la mejor manera de ver la película sin gafas.
   Nos sentaremos a una distancia desde la que podamos ver en buenas condiciones, no importa que sea en primera fila, y cada vez que volvamos, iremos retrocediendo diez o doce filas.

2. Fijémonos en los detalles. ¿Qué está haciendo el último extra mientras el actor principal mata a tres hombres, hiere a otros diez y huye de la forma más rocambolesca? Todas las películas están llenas de errores más o menos graciosos. Buscarlos puede resultar muy entretenido.

3. Sigamos siempre el movimiento. Podemos fijarnos en el de un personaje secundario o en el de un extra y seguirlo a lo largo de toda su intervención. Busquémoslo cuando la escena cambia.

4. Difícilmente prestamos atención a las escenas cotidianas. Verlas en la pantalla puede ayudarnos a familiarizarnos más con ellas, descubriendo muchos detalles que nos servirán para entendernos mejor. Esto podremos hacerlo, sobre todo, si ya hemos visto la película y conocemos per-

fectamente la trama. Al no concentrarnos en los protago-
nistas y no sentirnos ya implicados emocionalmente, podemos observar mejor. Cómo y qué comen, cómo abren y cierran las puertas, cómo andan, cómo entran y salen de los
sitios, etc.

Cómo tomar el sol

No es cierto que la luz solar sea perjudicial, sino más bien todo lo contrario, ya que tiene una acción bactericida y desinfectante sobre nuestros ojos, y además reactiva la circulación sanguínea. Estamos perfectamente adaptados a la luz. De hecho, somos nosotros quienes, con el uso indiscriminado de gafas protectoras, hemos perdido la capacidad de adaptarnos, por lo que deberemos recuperarla. Los ejercicios que se presentan a continuación nos serán de gran ayuda.

El ejercicio de la exposición al sol

Cerraremos los ojos y los dirigiremos hacia el sol. Inclinaremos la cabeza hacia atrás para exponerlos mejor. Oscilaremos la cabeza ligeramente de izquierda a derecha y viceversa con un ritmo regular.

Taparemos un ojo con la palma de la mano y seguiremos oscilando mientras mantenemos el otro cerrado.

Seguiremos así durante unos minutos. Después, manteniendo siempre el ojo tapado, abriremos lentamente el otro y, oscilando, miraremos el sol.

Al cabo de un momento lo taparemos y abriremos el otro. Después, destaparemos los dos, recordando que no debemos interrumpir la oscilación de la cabeza. Seguiremos así durante unos segundos y después los taparemos completamente con las palmas de las manos hasta que desaparezca cualquier huella de color y la oscuridad se vuelva uniforme. Cuando volvamos a abrirlos —debemos hacerlo lo más suavemente posible— la luz no nos resultará molesta en absoluto, sino que, por el contrario, nos dará una sensación de bienestar.

El ejercicio cuando se sale de casa

Si al salir de casa en un día soleado sentimos cierta molestia, cerraremos los ojos durante unos segundos; después los expondremos al sol, primero cerrados y luego abiertos, haciendo oscilar la cabeza tal como hemos aprendido a hacer en el ejercicio anterior.

Haremos lo mismo cada vez que pasemos de un ambiente oscuro a otro muy iluminado.

Los ejercicios con luz artificial

Los baños de sol son beneficiosos para los ojos; si no podemos disponer de luz natural, utilizaremos una bombilla de 150 W. Si tenemos problemas visuales, es aconsejable que nuestros ojos reciban luz varias veces al día, pero manteniéndolos siempre cerrados. Sobre todo cuando estamos enfrascados en un trabajo fatigoso para la vista, y cuando lo hayamos terminado. Podemos seguir el mismo esquema que el ejercicio indicado para la exposición al sol, situándonos a unos veinte centímetros de la lámpara.

Respirar bien para mejorar la vista

Ya hemos visto que la respiración es importante para la salud de los ojos, en tanto que necesitan oxígeno, como cualquier otro tejido corporal, para poder funcionar correctamente.

Gran parte de los trastornos visuales se deben al escaso flujo sanguíneo causado por la contracción crónica de la musculatura local, de ahí que sea tan importante que la respiración general sea profunda. Sin embargo, el problema no es tan sencillo de resolver: muchas veces respiramos inadecuadamente sin ser conscientes e incluso nos olvidamos cuando estamos concentrados en un esfuerzo visual, llegando a inhibir cualquier movimiento de los músculos torácicos.

Lo más útil, en estos casos, es tratar de darse cuenta de ello.

Es importante asumir el hecho de que cuando observamos algo con mucha atención contenemos el aliento para así poder modificar este hábito.

Por tanto, escuchémonos.

Podemos practicar como ejercicio voluntario la interrupción de la concentración en su punto máximo, para escuchar un momento cómo respiramos. Basta con dedicarse unos segundos.

Por ejemplo, a menudo conduciendo el coche contenemos el aliento: cuando llegamos a un cruce peligroso, o en un adelantamiento comprometido o frente a un movimiento súbito en el exterior, se interrumpe la respiración hasta que la situación de peligro haya pasado. Esto puede ser natural también en algunos casos de emergencia, pero ¿cuánta gente conduce normalmente conteniendo el aliento? ¿Y cuánta gente lee novelas apasionantes de este modo, o sigue toda una película así? Si bien es inevitable que esto ocurra en los momentos culminantes, no es normal que la irregularidad de la respiración nos acompañe durante largo tiempo.

No podemos vivir permanentemente al borde de una catástrofe. Esto pronto perjudicará a nuestro sistema nervioso, así como al resto del organismo.

Hasta que no advirtamos cuánto tiempo de nuestra vida pasamos de esta manera, no seremos capaces de cambiar las cosas, puesto que esto nos pasa de forma involuntaria, inconsciente.

En consecuencia, ante todo debemos escuchar y observar.

Debemos habituarnos a oír nuestra propia respiración durante cualquier operación. Empezaremos por las más comunes y simples para ampliar después la escucha a los momentos de intensa concentración. Esto no es un ejercicio, sino que se trata de un buen hábito cotidiano.

Los ejercicios

Por lo que respecta a los ejercicios, propondremos unos cuantos que se relacionan específicamente con el proceso visual, además de otros generales de respiración.

Durante la lectura y la escritura

Al acabar cada párrafo leído y escrito, suspenderemos la actividad durante un segundo, y escucharemos. ¿Cómo estamos respirando? ¿Hay algo que nos impide una respiración profunda? ¿El cinturón, una chaqueta estrecha u otra cosa? Apoyemos una mano sobre el abdomen. ¿Se mueve durante la respiración?

Durante la conducción o la visión de una película

Cada vez que cambiamos de marcha o frenamos, y cada vez que cambia una escena cinematográfica, perderemos unos segundos de tiempo para escuchar si estamos respirando, y cómo. Son las oportunidades más comunes en las que la respiración puede suspenderse, incluso durante largo tiempo. Comprobémoslo.

El ejercicio de la respiración profunda

Cada media hora, al menos, e independientemente de lo que estemos haciendo, respiraremos profundamente. Nos concentraremos sobre todo en expulsar todo el aire. La inspiración vendrá por sí sola. La mayoría de la gente respira mal, no porque no inspire bien, sino porque no espira. No podemos llenar una bolsa que ya está llena. Si no soltamos por completo el aire que tenemos dentro, obviamente no podremos renovarlo.

Siempre queda un residuo, una parte de aire que no se expele nunca y que, por tanto, no se renueva.

Espiraremos todo el aire que tenemos en los pulmones hasta el fondo, vaciándolos completamente y sin preocuparnos: ya se ocuparán por sí solos de volverse a llenar de nuevo.

El ejercicio respiratorio en general

Debemos habituarnos a hacerlo, como mínimo, cada mañana en cuanto nos despertemos y cada noche antes de irnos a dormir. No hay un límite máximo, pero si no respetamos este límite mínimo es difícil que experimentemos ningún beneficio. Tendidos en la cama, escucharemos cómo estamos respirando. A continuación, colocaremos las manos encima del abdomen. Sentiremos cómo se mueve durante la respiración. Las colocaremos entonces en el pecho y comprobaremos si se mueve esta zona. A continuación, las pondremos sobre los hombros y notaremos si se mueven. Después, con las manos sobre el abdomen otra vez, contaremos mentalmente cuánto dura cada inspiración, cuánto cada espiración y cuánto las pausas entre una y otra. No nos debemos imponer ningún ritmo, sino escuchar simplemente el nuestro en ese momento.

Elegiremos luego un sonido cualquiera, diremos «aaaah», por ejemplo, durante todas las espiraciones, no sólo en las hondas, sino también en las más breves. Este ejercicio no pretende desarrollar nuestras capacidades, sino tan sólo hacernos sentir cómo respiramos normalmente.

Los masajes para los ojos

El estado de tensión es general, físico y psíquico al mismo tiempo.

Físicamente, se produce una contracción de la musculatura, se altera el ritmo de la respiración y el sistema simpático se sobreexcita.

Psicológicamente, se experimenta como un estado de agitación, de nerviosismo, de inquietud y de ansiedad.

Los trastornos oculares siempre están relacionados con un estado crónico de tensión muscular que se concentra por lo general en la zona de la cabeza, el cuello y los hombros.

Los músculos oculares, que no podemos ver desde el exterior, están permanentemente contraídos al mantener el ojo en las posiciones anormales que causan los problemas, así como los que le rodean, los de la cabeza, la nuca y los hombros.

Podemos comprobarlo por nosotros mismos: cualquier persona que padezca trastornos visuales suele tener rígidos al tacto el cuello y los hombros. Pongamos una mano sobre el hombro, en la base del cuello, y toquemos el músculo que se encuentra entre los dedos. Si tenemos algún problema, estará duro, como un bloque de cemento. Vayamos después a la nuca. Si sufrimos problemas visuales, seguramente notaremos que toda esa parte está tensa, dura y rígida.

Debe hacerse un considerable gasto de energía para mantener todos estos músculos contraídos.

Además, la contracción muscular impide una afluencia normal de sangre, y los ojos sufren a causa de la falta de oxígeno. Es muy importante aliviar estas tensiones. Nuestro cuerpo forma una unidad con nuestra mente, sin que puedan escindirse en absoluto, ya que no existen por separado en la realidad: únicamente por abstracción podemos hablar del uno o del otro aisladamente.

Sabiendo que una tensión de tipo muscular implica al mismo tiempo otra psicológica, no nos costará mucho imaginar que si logramos aliviar una, la otra también disminuirá.

Los ejercicios que se presentan a continuación tratan de actuar directamente sobre la musculatura; pero a causa precisamente de la unidad de nuestro psicosoma tendrán también un efecto relajante. Algunos están concebidos para aliviar las tensiones de los músculos oculares y otros para relajar las tensiones del cuello y de los hombros. No hay que juzgarlos menos importantes por ello, puesto que no lo son. De hecho, nuestros ojos nunca podrán recuperarse mientras el cuello y los hombros estén tensos.

Los ejercicios

Empezaremos presentando los ejercicios para los ojos. Todos los movimientos deben realizarse lentamente y sin esfuerzo. Cada vez que sintamos fatiga, pararemos y nos los cubriremos con las manos. El objetivo es relajar los músculos, por lo que no podríamos lograrlo con esfuerzo. A medida que repitamos los ejercicios, veremos cómo nuestros movimientos oculares se hacen más amplios y fáciles de manera espontánea.

Mover los ojos hacia arriba y hacia abajo

Mantendremos los ojos cerrados durante unos segundos y reposaremos, respirando profundamente. Los abriremos y los llevaremos hacia arriba. Sin mover la cabeza en ningún momento, dirigiremos la mirada lo más arriba que podamos, lentamente, sin forzar demasiado.

Después los llevaremos hacia abajo, lo más abajo que podamos, siempre sin mover la cabeza y sin ejercer ningún tipo de tensión en la nuca o en los hombros.

Repetiremos lentamente el movimiento unas diez veces sin impacientarnos.

Después, volveremos a cerrarlos durante unos segundos y descansaremos unos instantes antes de repetir el ejercicio (figs. 37 y 38) cuantas veces creamos necesario, pero sin casarnos.

FIGURA 37   FIGURA 38

Mover los ojos a izquierda y derecha

Lo realizaremos como el anterior, llevando la mirada a izquierda y derecha cuanto sea posible. También en este caso la cabeza debe estar quieta: sólo deben moverse los ojos (figs. 39 y 40).

112

FIGURA 39

FIGURA 40

El ejercicio de rotación de los ojos

Cerraremos los ojos, descansaremos y respiraremos (fig. 41).
Después los abriremos lentamente y dirigiremos la mirada lo

FIGURA 41

más arriba posible; ahora, empezaremos con mucha calma a girar hacia la derecha, después hacia abajo, luego a la izquierda, hasta completar el círculo volviendo al punto de partida. Repetiremos la rotación unas diez veces, siempre moviendo la mirada muy lentamente.

A continuación, cerraremos los ojos y reposaremos antes de repetir el ejercicio en la dirección contraria, en sentido contrario a las agujas del reloj.

Nos puede ser de cierta ayuda imaginar ante nosotros una esfera gigantesca de reloj, más grande que nuestro campo visual, de manera que sólo girando con los ojos al máximo de nuestras posibilidades podremos seguir la circunferencia.

Este recurso nos ayudará también a que la rotación sea lenta y completa si imaginamos que seguimos el movimiento del minutero.

Mover la cabeza hacia arriba y hacia abajo

Este ejercicio sirve para relajar los músculos del cuello.

Empezaremos cerrando los ojos, respirando a fondo, dejando que la cabeza se bambolee con el mentón sobre el pecho y procurando mantenernos en un estado de calma.

Después llevaremos la cabeza hacia atrás lo más que podamos. Ampliaremos el movimiento al máximo, abriendo la boca. Nos quedaremos así durante unos segundos; después, inclinaremos lentamente la cabeza acercando el mentón al pecho todo lo posible. Nos quedaremos un momento en esta posición; después, volveremos a levantarla inclinándola hacia atrás y repetiremos el ejercicio cuantas veces sea preciso.

Es importante que procuremos quedarnos durante unos instantes en ambas posiciones para permitir de este modo que los músculos anteriores y posteriores del cuello se relajen de forma alternativa en el menor tiempo posible. Podemos mantener los ojos abiertos o cerrados, eligiendo la manera más agradable de realizar este ejercicio (figs. 42 y 43).

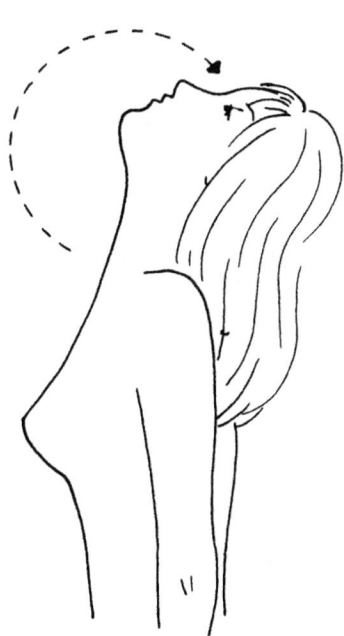

FIGURA 42   FIGURA 43

Mover la cabeza a izquierda y derecha

Giraremos la cabeza hacia la izquierda tanto como podamos; nos quedaremos en esta posición durante unos segundos, y después la llevaremos lentamente al máximo hacia la derecha, quedándonos en esta posición y volviendo otra vez hacia la izquierda.

Lo repetiremos unas diez veces, siempre muy lentamente. Puede resultarnos útil tomar algún punto de referencia para comprobar poco a poco nuestros progresos, pues repitiendo el ejercicio, nuestro movimiento se hará cada vez más amplio a medida que los músculos se distiendan (figs. 44 y 45).

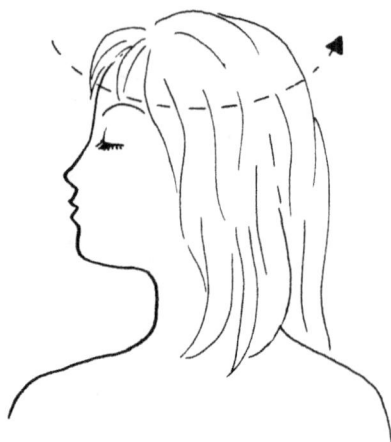

FIGURA 44 FIGURA 45

El ejercicio de rotación de la cabeza

Empezaremos dejando bambolear la cabeza sobre el pecho, respirando profundamente. Seguiremos con una lenta rotación en círculo de izquierda a derecha y de arriba abajo, volviendo a la posición inicial. Ampliaremos el movimiento el máximo posible y lo efectuaremos muy lentamente, parándonos en cada posición.

Repetiremos la rotación unas diez veces; después, reposaremos el cuello dejando que la cabeza se bambolee sobre el pecho, y repetiremos en la otra dirección. Tal vez alguien pueda sentir ciertas molestias las primeras veces, como una leve sensación de vértigo o de dar bandazos. No hay que preocuparse, pues se pasará enseguida. Nos pondremos cerca dos sillas y apoyaremos ligeramente las manos sobre el respaldo. No vale la pena agarrarnos a ellas. No nos vamos a caer al realizar este ejercicio, pero saber que tenemos cerca un apoyo sólido en caso de necesidad nos dará más seguridad y nos permitirá realizar el ejercicio en un estado de mayor relajación (figs. 46 y 47).

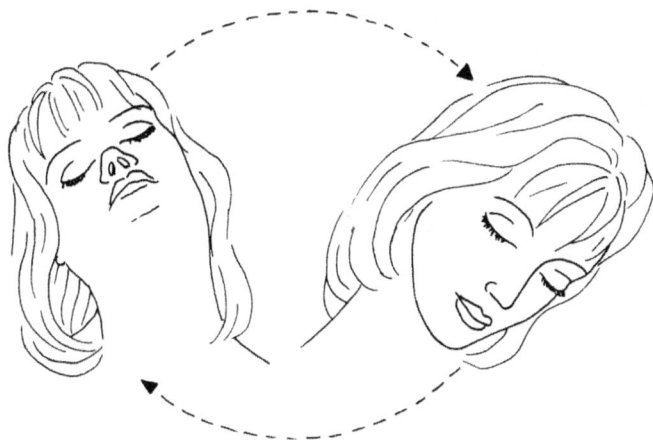

FIGURA 46   FIGURA 47

El ejercicio de rotación de los hombros

Levantaremos los hombros, y lentamente los llevaremos hacia delante; los bajaremos, los llevaremos hacia atrás al máximo y los volveremos a levantar. Realizaremos una rotación completa muy amplia y lenta. Lo haremos así unas diez veces. Después, bajaremos los hombros y descansaremos unos segundos. Levantaremos nuevamente los hombros, los llevaremos hacia atrás, hacia abajo, hacia adelante y hacia arriba, ejecutando rotaciones completas en dirección contraria diez veces. Podemos hacer estos ejercicios cada mañana al despertarnos, ya que no nos ocuparán mucho tiempo y nos permitirán empezar la jornada sueltos y mantenernos en un estado de relajación durante varias horas (figs. 48 y 49).

117

Figura 48   Figura 49

Será particularmente útil que realicemos este ejercicio cada vez que sintamos fatigados el cuello y los hombros.

De vez en cuando, mientras llevamos a cabo nuestras tareas habituales, prestaremos atención a nuestros hombros. ¿Están rígidos? ¿Están levantados inútilmente?

Como en el caso de la suspensión de la respiración, también la contracción de la musculatura del cuello y de los hombros suele ser involuntaria; se produce automáticamente, sin que nos demos cuenta, en los momentos de tensión. Darnos cuenta de ello es el primer paso para poder modificar este estado de cosas e interrumpir el círculo vicioso de tensión y contracción muscular.

Consejos dietéticos para mejorar la vista

La alimentación es muy importante en la salud y en la enfermedad al ser nuestra principal fuente de energía. Miles de células mueren constantemente en nuestro cuerpo y otras miles nacen para sustituirlas. Somos como una gran hoguera siempre encendida que necesita continuamente leña para alimentarla y aire para mantenerla viva.

Nuestros pulmones se ocupan del aire, del oxígeno necesario, mientras que el combustible lo proporcionan los alimentos que ingerimos.

La alimentación debe ser adecuada para nuestras necesidades y proporcionarnos todos los elementos necesarios. Hoy por hoy, en la civilización occidental, el peligro no viene de la desnutrición, de la falta de alimentos esenciales —salvo algunos que pueden faltarnos si llevamos una dieta inadecuada—, sino que más bien se debe a una alimentación excesiva y equivocada. Ingerimos demasiadas sustancias que no estamos en disposición de utilizar, por lo que se acumulan y constituyen una sobrecarga de trabajo para nuestros órganos encargados de digerirlos, siendo tóxicas algunas de ellas.

Las indicaciones dietéticas que proponemos a continuación son únicamente las bases generales de una alimentación sana y equilibrada. Son útiles para todos, tengamos o no problemas visuales. En concreto, quien padezca estos trastornos deberá procurar con mayor motivo reducir el consumo de ciertos alimentos y podrá sacar más provecho de los que se indican específicamente.

1. Hay que procurar que nuestras comidas sean lo más naturales posibles. Los alimentos enlatados y precocinados, por ejemplo, contienen conservantes químicos que no siempre benefician nuestra salud.

Elegiremos siempre que podamos alimentos frescos y no los envasados, en conserva o tratados. Los alimentos producidos industrialmente, además, contienen a menudo colorantes y aditivos artificiales para recrear gustos o aromas atractivos, productos químicos para mejorar la consistencia, etc. En este sentido, baste recordar el caso de los colorantes cancerígenos que se han utilizado durante años antes de que se descubriera su peligrosidad.

Por lo que respecta a los alimentos frescos, tampoco la situación es de color de rosa: los cultivos son tratados con insecticidas, en ocasiones muy perjudiciales, así como con abonos industriales igual de nocivos, para propiciar el crecimiento rápido y antinatural de los vegetales. Lo mismo ocurre con el ganado, que suele alimentarse con piensos enriquecidos químicamente para acelerar su desarrollo. Está claro que no podemos evitar completamente estos inconvenientes, pero sí reducirlos a unos límites razonables. Por tanto, hay que preferir los alimentos frescos, procedentes de cultivos biológicos siempre que sea posible, y no dejar escapar la ocasión de obtener vegetales que han crecido de forma natural y carnes de animales criados sin prisas, pescado fresco, etc.

También hay que preferir los alimentos integrales, puesto que los procesos de refinado suelen comportar el uso de disolventes tóxicos y empobrecen el valor nutritivo del producto. A los cereales refinados, a la pasta blanca y al arroz descascarillado, por ejemplo, se les quita el germen para que se conserven mejor, pero resulta que esa es su parte más nutritiva. Los cereales integrales son más alimenticios y han recibido menor tratamiento químico, aunque son más difíciles de cocer y no gustan a todo el mundo. Debemos encontrar el equilibrio entre tiempo, gusto y salud.

Necesitamos, además, una aportación diaria de vitaminas. Están presentes sobre todo en la verdura y en la fruta. No hay que olvidar que desaparecen con la cocción: cuanto más alta sea la temperatura y más larga la duración, mayor será la pérdida.

En consecuencia, debe consumirse mucha verdura cruda y utilizar métodos de cocción rápida y con poca agua. Si no podemos, aprovecharemos por lo menos el líquido de la cocción, dado que las vitaminas se han quedado ahí.

2. En las sociedades industriales se ha generalizado un consumo excesivo de azúcar y de carne. Nuestros abuelos aún utilizaban la miel como medicina, diluyendo una cucharadita en agua en caso de necesidad. Pero hoy en día ingerimos dosis altísimas de azúcar, mermeladas, dulces, galletas, pasteles, bollos, caramelos, bebidas edulcoradas, etc. Simplemente, es demasiado. Además, la pastelería industrial elabora alimentos que contienen una gran cantidad de aditivos químicos.

Debemos reducir al mínimo el consumo de azúcar, presente en muchas de las sustancias que ingerimos, aunque no tengan nada de dulces. Es preferible obtenerlo de la fruta que de los dulces. Y si no podemos prescindir de ellos, como mínimo consumamos aquellos que no contienen azúcares dado que suelen emplearse disolventes químicos particularmente nocivos durante su elaboración.

Por lo que respecta a la fruta, hay que masticarla con tranquilidad, aunque es preferible comerla fuera de horas. Mezclar frutas y almidones produce una fermentación intestinal que debe evitarse.

En lo referente a la carne, nuestro consumo medio es desmesurado. Resulta absurdo comer carne todos los días, y aún más dos veces al día. No necesitamos todas esas proteínas. Es más, no podemos asimilarlas: son demasiadas. Obligan al intestino a realizar un trabajo inútil, y otro tanto al hígado y a los riñones, para eliminar los residuos tóxicos que contienen.

3. Es inútil insistir en lo malo que es el abuso del café, tabaco, alcohol, drogas y medicinas, puesto que hoy en día todos sabemos qué efectos acarrean.

Una alimentación equilibrada debería incluir mucha verdura, tanto cruda como cocida, además de cereales, fruta, una cantidad modesta de carne, pescado, huevos y quesos.

Para quien sufra trastornos visuales, sobre todo si se padece ceguera nocturna, es importante contar con una buena aportación de vitamina A. La podemos obtener en: alcachofas, acelgas, col, espárragos, espinacas, judías, guisantes frescos, habas, coliflor, hígado, leche, zanahorias, perejil y menta.

Las plantas medicinales

Muchas plantas son conocidas por su acción beneficiosa en los trastornos visuales. Por ejemplo, en caso de inflamación, irritación, conjuntivitis, etc., son recomendables la manzanilla, la rosa, el lirio, la malva y el llantén grande.

La manzanilla es conocida por su acción calmante. Como infusión, tiene una acción relajante general. Es sabido que una taza de manzanilla sirve para calmar los nervios en situaciones de excesiva tensión. Usada para enjuagar los ojos tiene una acción antiinflamatoria y descongestionante. Así ocurre también con la malva y la rosa.

El lirio, muy indicado contra la conjuntivitis por su acción astringente y analgésica, es según la tradición la más adecuada para los ojos azules, mientras que el llantén grande lo es para los oscuros.

Menos conocida es la acción del perejil. Esta humilde planta, consumida diariamente, ayuda a prevenir infecciones renales y oculares. En el campo, siempre se han tratado los ojos enrojecidos e hinchados con aplicaciones de perejil fresco mezclado con miga de pan humedecida. Por otra parte, su zumo se utilizaba para curar las cataratas.

Las úlceras corneales se curan con fricciones de caléndula. Esta planta, además, ha sido muy utilizada para la cura de cataratas, úlceras en los párpados o desprendimiento de retina. Basta con frotar el tallo de una hoja entre los dedos y aplicar el líquido

123

sobre el párpado para sentir un alivio cuando los ojos están cansados y fatigados.

Pero la planta más utilizada para los problemas visuales es la eufrasia, conocida desde siempre por sus propiedades curativas. Es citada desde antiguo como ayuda válida en la curación de iritis, ulceraciones de la córnea, conjuntivitis y miopía. Se administra en forma de infusiones, colirios, en remedios homeopáticos y con agua destilada.

Las plantas medicinales son una ayuda válida para los problemas oculares: un buen herborista o un médico homeópata pueden aconsejarnos cuál es la planta más indicada para nuestro caso, así como la dosis más eficaz.

Indicaciones para miopes, présbitas, hipermétropes y astigmáticos

Los consejos que hemos dado hasta ahora están pensados para todas aquellas personas que sufren trastornos visuales. La aplicación de las manos sobre los ojos debe considerarse antes que un ejercicio válido por sí mismo, un modo de interrumpir el trabajo durante unos minutos en cuanto notemos síntomas de fatiga, así como una forma de empezar y concluir todos los ejercicios. A continuación, damos algunas sugerencias para cada caso específico.

Los ejercicios para la miopía

Conviene cubrirse los ojos con las manos durante el mayor tiempo y con la mayor frecuencia posibles. Los ejercicios de parpadeo, oscilación, mirada de soslayo y analítica serán de gran utilidad. De hecho, el ejercicio del anillo ha sido concebido para los miopes. En el del calendario hay que introducir la siguiente modificación: compraremos un calendario de bolsillo con cifras similares a las del grande y, durante la realización del ejercicio, desplazaremos la mirada como se ha descrito de las cifras del calendario grande, colgado en la pared, a las del pequeño, que tendremos en la mano, ya que el miope necesita desplazar con frecuencia la mirada de objetos cercanos a objetos lejanos.

Cuando leamos, suspenderemos la lectura al final de cada párrafo para echar una ojeada a un objeto lejano, a algo que se vea por la ventana o bien a un objeto de la habitación que esté colocado lo más lejos posible de nosotros. Imaginaremos siempre escenas en movimiento. Pueden sernos particularmente útiles aquellas que no se puedan ver fácilmente y que sean especialmente adecuadas para nosotros. Por ejemplo, pensaremos que estamos sobre un puente ferroviario tratando de observar los trenes que aparecen lentamente en la lejanía; o que lanzamos una bola gigante y la vemos rodar sobre una pista de juego infinita; o bien que seguimos con los ojos un vehículo que se aleja en el desierto, a muchos kilómetros de nosotros. Practicaremos a menudo ejercicios de este tipo sin realizar esfuerzos en adivinar lo que estamos mirando.

Los ejercicios para la hipermetropía

Conviene cubrirse los ojos con las manos, exponerlos al sol, realizar ejercicios de oscilación y de mirada analítica. Usaremos la imaginación para ver mentalmente los caracteres impresos pequeños más nítidos de lo que los veríamos con los ojos abiertos, acentuando la intensidad de los colores, para que contrasten sobre el fondo. Cuando imaginemos o recordemos mentalmente escenas, desplazaremos con frecuencia la mirada desde puntos lejanos hasta otros cercanos. El ejercicio del anillo es especialmente adecuado.

Los ejercicios para la presbicia

La presbicia está considerada como una consecuencia casi inevitable del envejecimiento: nadie se sorprende si, a cierta edad, no logra leer un texto impreso sin las gafas.

Pero no es así. No todos los ancianos son présbitas. Además de cubrirse los ojos con las manos, exponerlos al sol y realizar los ejercicios de oscilación, mirada de soslayo y analítica que se han propuesto, recurriremos a la lectura: cuando hayamos terminado de leer una página a la distancia que nos resulte habitual sin gafas, nos acercaremos mucho el texto. Lo releeremos deslizando los ojos únicamente sobre el fondo blanco que discurre bajo las líneas. Nos pararemos a menudo y nos taparemos los ojos con las manos y después los expondremos a la luz. No debemos preocuparnos si no logramos entender el texto, puesto que ya lo hemos leído antes.

Cogeremos un libro con caracteres muy pequeños. Tras haberlos cubierto con las manos y haberlos expuesto al sol durante unos instantes, empezaremos a pasear la mirada sobre el texto. Seguiremos los espacios en blanco bajo las líneas. No importa que no entendemos absolutamente nada. No nos impacientemos y sigamos: lo lograremos con tiempo.

Los ejercicios para el astigmatismo

El astigmatismo se debe a una curvatura distinta de la córnea entre un extremo y otro. Es preciso que la córnea recupere su forma normal. Esto es posible. Haremos regularmente los ejercicios de oscilación y mirada analítica. Los ejercicios específicos para los astigmáticos son los de mirada de soslayo y los que desarrollan la observación rápida con piezas de dominó.

Podemos agregar este otro ejercicio con el dominó: tomaremos la caja con las piezas una junto a otra perfectamente fijas. La mantendremos con las manos a unos diez centímetros de distancia. La desplazaremos horizontalmente de izquierda a derecha y viceversa, al mismo tiempo que movemos la cabeza en la dirección opuesta. Lo haremos a gran velocidad, de forma que las piezas desfilen continuamente bajo nuestra mirada. No hay que tratar de leer los números ya que no hace falta. Pararemos, nos taparemos los ojos con las manos y repetiremos el ejercicio, desplazando la caja verticalmente de arriba abajo, o bien al mismo tiempo la cabeza en la dirección contraria. A toda velocidad y sin pararnos a leer los números. Con este ejercicio, nuestra visión mejorará rápidamente

www.ingramcontent.com/pod-product-compliance
Lightning Source LLC
LaVergne TN
LVHW051351080426
835509LV00020BA/3383